Tracteurs de notre enfance

Francis Dréer

…s de …ance

terres éditions

Conception et réalisation graphique, coordination éditoriale, révision : PRODÉDITION

Achevé d'imprimer dans l'U.E. en septembre 2009
Dépot légal : octobre 2009
978-2-35530-088-2

sommaire

L'essor du tracteur en France après 1945 est partiellement dû à l'arrivée massive de petits engins, les «baby tractors», d'origine américaine, tel le Massey-Harris Pony. Incontestablement, ces petits engins ont donné le «goût» du tracteur aux Français...

Avant-propos

Les profondes mutations du monde agricole de la France des Trente Glorieuses ont été extraordinaires. Dans cette France qui ne connaît que la croissance, elles ont pourtant été presque reléguées au second plan. Il est vrai que l'on se souvient davantage de réalisations plus visibles. La France de 1945 à 1975, ce sont trente années d'évolutions : de la Renault 4CV à la Citroën CX, du Formica à la carte à puce et de la Caravelle au Concorde. Dans les fermes aussi, que de changements !

La mécanisation, déjà amorcée au XIXe siècle avec l'introduction de nouvelles machines pour travailler et récolter, se complète après la Première Guerre mondiale par une timide avancée du tracteur. Cet engin se veut la machine à tout faire, qui va remplacer les attelages de bœufs ou de chevaux et qui va porter, transporter, traîner et entraîner les outils. De par sa vocation universelle, le tracteur doit exceller partout. Enfin presque. Mais dans la France des années de l'entre-deux-guerres, il a bien du mal à se faire adopter. La raison en est fort simple. La taille des exploitations est réduite, très réduite même par rapport à celles des exploitations agricoles d'Europe du Nord.

Il faut en fait attendre la fin de la Seconde Guerre mondiale pour que se mette en place une nouvelle vision de l'agriculture. C'est le temps des MAP, Renault, des SFV et autres Vendeuvre. Mais aussi celui des Farmall, des Ferguson et des Pony, largement importés grâce au Plan Marshall afin de répondre à la forte demande. La IVe puis la Ve République veulent un paysan de son temps, moderne, visionnaire, capable de fournir au pays toutes les ressources alimentaires et même mieux, capable de le rendre excédentaire. Le remembrement voulu par l'État favorise les grandes exploitations. Les récoltes deviendront une marchandise comme une autre, susceptibles d'être vendues sur des marchés extérieurs, sources de devises importantes.

Mais les temps changent. La vie rurale aussi. Il y a de moins en moins d'habitants dans les villages. Les jeunes préfèrent aller à la ville. Les petits commerces ferment. C'est l'exode rural et bon nombre de petits constructeurs de tracteurs disparaissent, incapables de développer leurs outils industriels. Curieux paradoxe, pendant que le monde agricole s'endort voire meurt, la France est un des pays qui produit le plus de denrées agricoles. L'agroalimentaire devient une industrie majeure. Quant au tracteur, il devient indispensable. Toujours plus ! Plus gros, plus puissant, plus confortable, il permet de cultiver davantage, plus vite et dans de meilleures conditions. C'est le progrès.

Après de dures années de labeur, la plupart des tracteurs des années 1950 terminent leur vie au fond d'un champ. Ce Lanz Bulldog, un ancien «boule chaude», est définitivement refroidi, à moins qu'un collectionneur avisé ne se charge de le restaurer pour lui redonner vie...

chapitre 1

Une lente mécanisation

Entre 1900 et 1945, la mécanisation du monde agricole s'effectue lentement. La diffusion des techniques se heurte à une certaine rigidité du monde rural, mais le paysan n'est pas le seul frein au machinisme agricole. En fait, les engins motorisés susceptibles de l'aider sont finalement peu adaptés aux exploitations. La machine à vapeur a certes une réelle utilité, mais elle se cantonne, l'été venu, au battage des grains récoltés. Et puis, sa mise en œuvre est contraignante : les labours font encore largement appel aux bœufs ou aux chevaux. Le tracteur à moteur à explosion, qui fait alors ses débuts, est loin d'être l'outil polyvalent et idéal. Outre-Atlantique, plusieurs constructeurs vont saisir le problème à bras-le-corps et dévoiler des gammes qui vont révolutionner le travail aux champs.

Malgré sa rouille, ce Deering type 1020 de 1926 tourne toujours comme une horloge! Faute de mieux, on voit encore ce type d'engin dans les champs après 1945. Il est vrai que les mécaniques possèdent une robustesse étonnante.

Tracteur : le terme évoque immanquablement une cour de ferme dans laquelle stationne un engin souvent sale, fait d'acier et de tôle emboutie. D'apparence assez fruste, il repose, à l'arrière, sur d'imposants pneus à crampons et, à l'avant, sur des pneus nettement plus petits. Et puis il y a l'odeur : mazout, huile et cambouis mélangés au chaume ou à la boue humide…

Le mot tracteur est finalement assez mal choisi pour désigner l'engin agricole qui va révolutionner le monde rural ; d'ailleurs, le même terme s'applique au poids lourd sur lequel repose, via une sellette d'attelage, une semi-remorque – d'où une certaine ambiguïté. Si, comme le camion, le tracteur tire une remorque, ce n'est pas sa destination première. À l'origine, le tracteur se contente de remplacer le cheval ou le bœuf de labour, tractant une charrue. Mais après la Seconde Guerre mondiale, le tracteur devient un engin porte-outils plutôt qu'une machine de traction, grâce à l'introduction du relevage hydraulique. Qu'importe finalement : le tracteur reste un utilitaire pur et dur, un outil besogneux qui ne rechigne pas à la peine et qui va devenir un porte-outils universel, évoluant sans cesse pour se spécialiser dans de nouvelles tâches.

Si le tracteur ne pénètre que peu les campagnes avant 1945, il faut tout de même noter que les outils mécaniques sont plus largement diffusés depuis la fin du XIXe siècle. Voici une moissonneuse Wood « Nouvelle » importée en France par les entreprises Pilter vers 1904. Cette machine était attelée à deux chevaux ou deux bœufs et coûtait à l'époque 650 francs.

Ci-dessus et ci-dessous : en France, de grands noms de la machine agricole apparaissent dans la seconde moitié du XIXe siècle : Bajac à Liancourt (qui assemblera par la suite les tracteurs anglais Austin) ou Puzenat à Bourbon Lancy (dont les vastes usines seront rachetées par la Someca de Simca Industries).

La fin de la traction animale met aussi un terme à la fabrication de machines agricoles spécifiquement adaptées aux animaux de trait. Mais en France, le cheval va longtemps rester actif.

La machine agricole

Malgré une tendance à opposer le secteur primaire au secteur secondaire, depuis la seconde moitié du XIXe siècle, le machinisme agricole est indiscutablement lié à la révolution industrielle. Et, tout comme dans l'industrie, la machine va progressivement remplacer l'homme dans les champs. La population rurale, devenue main d'œuvre inutile, migrera vers les centres urbains pour trouver du travail… dans l'industrie. On verra alors des anciens paysans, devenus ouvriers, travailler dans des usines dédiées à la fabrication de machines agricoles !

Le machinisme agricole va certes réduire le nombre de paysans, mais il va surtout accroître la productivité, permettant de nourrir davantage de bouches. Si l'on critique aujourd'hui la surproductivité des terres, il ne faut pas oublier que, depuis le début du XXe siècle, la France n'a connu ni famine ni disette, contrairement aux siècles précédents.

Les pays où l'industrie prospère sont aussi ceux où l'agriculture se transforme le plus vite ; si l'on excepte les régions méditerranéennes où les rendements sont encore faibles, l'Europe du Nord et les États-Unis abandonnent les vieilles méthodes de production. La France

Cette photo a été prise vers 1943 aux États-Unis où, à l'inverse de ce que l'on croit, les petites exploitations sont loin d'être totalement mécanisées. Ceci amène d'ailleurs les constructeurs à proposer les «baby tractors», adaptés aux budgets des paysans que la crise des années 1930 a durement frappés.

passe alors d'une économie de subsistance à une économie de spécialisation des sols. Le blé et les plantes fourragères demandent les meilleurs sols, les engrais triomphent. L'élevage bovin s'intensifie et se substitue de plus en plus à l'élevage ovin (sauf dans le sud de la France). La production laitière s'accroît. Grâce à la culture de la betterave, le sucre n'est plus un luxe : sa consommation double entre 1880 et 1910. La sélection des semences, l'amélioration des races et l'industrialisation d'une nouvelle filière dite agroalimentaire modifient déjà, à l'orée du XXe siècle, le monde rural. Revers de la médaille : comme dans bon nombre de pays, en France, l'accroissement de la population oblige à importer massivement certaines céréales.

En tout état de cause et contrairement à une idée largement répandue, le paysan s'est déjà adapté avant la Grande Guerre à une nouvelle forme d'agriculture. Le terme même de paysan, trop général, finira par être escamoté par celui d'agriculteur. La tentation de spécialiser son activité conduit même parfois à se désigner sous une autre appellation : on est éleveur, producteur céréalier, ou encore maraîcher. Mais il existe des freins…

La France de 1900 accuse un certain retard par rapport à la Grande-Bretagne, l'Allemagne et même la Belgique. Ses rendements sont nettement plus faibles. Le pays est en effet géographiquement très varié. Si le nord et le sud du Bassin parisien sont les terres d'élection des grandes exploitations, il en va différemment de la partie sud du pays où des cultures régionales plus archaïques contraignent à la mise au point d'outils agricoles spécifiques.

La mécanisation de l'agriculture était déjà en marche dès le XVIIIe siècle avec l'arrivée de nouveaux instruments aratoires. La batteuse, la moissonneuse, la faucheuse, l'andaineuse ou la charrue double de type Brabant sont antérieures à l'introduction du tracteur. Mais ces machines, qui ont stimulé toute une industrie dans l'Hexagone, sont encore liées à la traction animale. Celle-ci ne disparaît que lentement en France, bien plus tardivement qu'aux États-Unis, en Grande-Bretagne ou en Allemagne. Car les Français vont d'abord se méfier des tracteurs.

Cette routière à vapeur tirant ses deux charrues à disques est typique des premières machines de traction. Mais trois hommes sont encore nécessaires à cet attelage dont la faible maniabilité ne permet pas de travailler de petites surfaces.

Il faut dire qu'il existe déjà des machines à moteurs : introduites dans la seconde moitié du XIXe siècle, ces locomobiles (sortes de locomotives à vapeur montées sur des roues en fer) sont en fait des moteurs fixes, dans la mesure où elles ne sont pas automouvantes. Il faut donc les amener à pied d'œuvre grâce à des animaux de trait. On ne peut pas aisément les déplacer dans les champs car elles sont beaucoup trop lourdes et peu maniables. Leur emploi est délicat car il faut chauffer la chaudière très longtemps avant la mise en pression de la vapeur. Leur rôle est de permettre l'entraînement d'une autre machine telle qu'une batteuse. Cette dernière, entraînée par une longue courroie plate, doit être bien

La locomobile trouve toute son application comme machine d'entraînement lors du battage des moissons. À condition de régulièrement l'alimenter en eau et en combustible...

alignée pour que la courroie ne s'échappe pas, mais elle ne doit pas être trop proche car les escarbilles issues de la combustion du charbon peuvent mettre le feu aux épis.

La locomobile a toutefois constitué un net progrès car elle a permis aux machines de pénétrer le monde agricole. Par la suite, elle a été épaulée dans son travail par le locotracteur, que l'on appelle aussi « routière ». Cette fois, l'engin peut se déplacer par ses propres moyens et remorquer directement une batteuse, ou même une imposante charrue. Mais elle reste peu pratique et très onéreuse. Il fallait trouver un engin beaucoup plus simple, fiable, endurant et susceptible d'être commercialisé à un tarif attrayant ; il devait également être moins lourd, ne devant pas s'embourber dans les champs, tout en offrant une bonne adhérence. La force du tracteur à moteur à combustion interne est d'être une machine « tout-en-un », à la fois capable de produire de l'énergie pour entraîner d'autres machines (par une poulie puis par des prises de force), de porter des outils à l'avant, à l'arrière ou sur les côtés, et de tracter des remorques ou d'autres outils indispensables au travail de la terre.

Ce monstre des champs à vapeur est un Minneapolis de 45 chevaux, attelé à un ensemble de déchaumeuses à disques John Deere à quatorze rangs. On note les énormes roues en fer, très larges pour répartir la pression au sol et, à l'arrière-plan, l'indispensable citerne à eau qui abreuve la machine.

Tout le monde prend fièrement la pose auprès d'une routière prête à entrer en action. Si l'engin remplace efficacement le cheval, celui-ci reste encore très présent.

Après la Première Guerre mondiale, la France est nettement en retard quant à la mécanisation de ses campagnes et l'on fait déjà appel à des productions américaines, comme cet American Tractor type Gray importé par les Ateliers de constructions mécaniques de Colombes.

Le moteur à combustion interne permet de réduire considérablement la taille des machines agricoles automotrices. Le tracteur se cherche toujours et sa forme massive n'est pas encore aboutie. Ce modèle est un très rare tracteur américain Hubert MFC de 1916, importé en France peut-être lors de la Première Guerre mondiale. Son 4-cylindres, placé transversalement, atteint 35 chevaux.

Naissance du tracteur

Le moteur à combustion interne, à pétrole ou fonctionnant au kérosène (l'huile de lampe, un pétrole très bon marché) commence à remplacer le moteur à vapeur d'autant plus facilement qu'il est plus pratique (son démarrage est quasi-instantané), de taille réduite et coûte moins cher à réaliser que la machine à vapeur. Toutefois, les engins sont encore très lourds et encombrants. Ils sont en fait calqués sur les routières à vapeur dont ils reprennent l'architecture générale, excepté la motorisation.

Les premiers tracteurs automobiles sont essentiellement américains. Le tout premier tracteur à moteur à explosion a été le Burger de 1889, fonctionnant alors au pétrole. De nombreux

Le tracteur américain Sandusky est plus conventionnel dans son apparence : le moteur posé longitudinalement à l'avant est abrité par un capot, le volant est central, et deux ailes arrière protègent le conducteur des mottes de terres arrachées par les crampons des roues en acier.

autres engins du même type suivirent, eux aussi construits principalement aux États-Unis. Pourquoi les États-Unis et non pas la France, alors que c'est essentiellement sur notre sol qu'ont été inventés et développés la voiture, la motocyclette ou l'aéronef ? Pour de simples raisons pratiques, serait-on tenté de répondre. Aux États-Unis, les notions de productivité et de rentabilité sont perçues comme des éléments essentiels de l'économie. Et surtout, les exploitations américaines sont vastes, très vastes, du moins dans les régions du centre : investir dans un tracteur permet d'économiser un temps précieux. En France, les exploitations

Ci-contre et ci-dessous : ce tracteur Big-4 tire une charrue à relevage manuel Case. À l'avant, la roue poussée surmontée d'une flèche permet de connaître exactement la position de braquage des roues avant, car le conducteur ne voit pas grand chose devant lui !

Deux tracteurs Allis-Chalmers 10-18 font une démonstration de leurs capacités lors d'un concours de labour.

Il s'agit toujours d'un tracteur Allis-Chalmers 10-18, reconnaissable à son train avant directeur monoroue. Il est ici utilisé pour la traction d'une décapeuse-niveleuse lors de la réalisation d'une route. De tous temps, les engins agricoles et de chantier ont conservé des liens étroits.

étant beaucoup plus petites, le tracteur tardera à s'imposer à cause de surfaces cultivables trop réduites pour justifier l'achat d'un engin jugé encombrant et difficile à manœuvrer. Et puis le moteur dit « à combustion interne » est encore peu répandu dans les campagnes. Certes, les premières automobiles, quadricycles et autres motocyclettes fleurissent dans la banlieue de Paris. Mais dans les plaines du Nord, le bocage normand ou les régions viticoles du Sud-Ouest, le moteur à pétrole est loin d'être connu. Et, surtout, le relief ou le type de culture ne permettent pas l'implantation de ces premiers tracteurs.

Ne sous-estimons pas les débuts de la mécanisation agricole : les échanges internationaux permettent de connaître rapidement les progrès accomplis par les engins anglo-saxons. Dès 1904, il existe en France une revue qui traite du sujet, *La machine agricole*. Outre-Atlantique, le tracteur agricole a donné naissance à une industrie florissante. Certains fondateurs de firmes célèbres sont déjà réputés pour leurs matériels aratoires comme Cyrus McCormick, John Deere ou Jerome Case.

Le Moline Universal est une réponse ingénieuse à tous les travaux des champs : un simple avant-train moteur auquel on greffe l'outil aratoire dont on a besoin. La formule eut en son temps un certain succès.

TITAN
10-20 H
MADE BY
INTERNATIONAL
HARVESTER-COMPANY
CHICAGO USA

Le Titan 10-20 a été en son temps un best-seller, un des tracteurs les plus vendus au monde. 78 363 exemplaires furent en effet commercialisés de 1914 à 1922. Cet engin fut aussi importé en quantité conséquente sur notre territoire.

Caractéristiques principales

International Titan company 10-20
1914-1922

Moteur :
IH, bicylindre parallèle fonctionnant au kérozène, refroidi par thermo-siphon

Cylindrée :
8 700 cm^3

Alésage x course :
165,1 x 203,2 mm

Puissance :
à la barre : 13,67 ch
à la poulie : 28,15 ch

Transmission :
boîte de vitesses à 2 rapports avant et 1 rapport arrière.

Châssis :
double longeron en tôle d'acier

Suspension avant :
sans

Suspension arrière :
sans

Freinage :
nc

Poids total :
2,63 t

La firme Advance Rumely produit ce type de tracteur jusque dans les années 1920. Plus efficace que le toit (une option d'époque qui protégeait plus du soleil que de la pluie), l'imposant volant moteur externe génère le couple nécessaire à l'entraînement de la machine et de la poulie de battage, reportée de l'autre côté.

En 1892, John Froelich, un Américain habitant l'Iowa, monte un moteur à explosion sur un châssis, greffe un inverseur de marche et un volant de direction pour créer une machine intéressante mais encore trop complexe. En 1902, la société Hart-Parr utilise déjà le mot « tractor » ; elle est aussi la première à commercialiser des engins agricoles à moteur en petite série. La même année, McCormick et Deering fusionnent pour former la International Harvester Company. Il est à noter que bon nombre de ces machines qui flirtent avec les 10 tonnes sont alors essentiellement utilisées au Canada où les vastes terres permettent leur mise en service. Pour Hart-Parr comme pour la International Harvester Company, il est évident que pour conquérir le prometteur marché intérieur américain, il va falloir considérablement réduire la taille des « traction engines ».

La International Harvester Company va alors produire les fameux Mogul 8-16 et les Titan 10-20, des machines robustes mais encore handicapées par un poids et un prix de vente élevés. C'est certes mieux que les anciens locotracteurs, mais encore loin du tracteur bon marché et simple d'emploi.

De son côté, la Holt Manufacturing Company se fait connaître dès 1904 en adoptant un mode de transmission originale, la chenille.

La gamme Titan d'International Harvester comprend plusieurs modèles de puissances variées. Ce catalogue du 18-35 nous dévoile les entrailles de la bête. L'image de gauche permet d'apprécier la taille du radiateur de refroidissement, alors que celle de droite, trompeuse, dévoile les commandes une fois la cabine déposée.

Le Titan 10-20 se montre à la fois robuste et simple. Introduit plus tardivement que le reste de la gamme, il est également moins lourd et plus moderne que ses grands frères.

La société Wallis est l'une des premières à promouvoir, dès 1913, le concept du châssis coulé faisant bloc avec l'ensemble moteur-boîte-pont. Les avantages de cette conception apparaissent évidents : tous les organes sont abrités en permanence dans des carters étanches, et toujours correctement alignés. De plus, l'absence de châssis offre un appréciable gain de poids. Wallis sera plus tard racheté par le canadien Massey-Harris.

Ci-dessus et ci-dessous : Holt va se tailler un nom avec ses engins lourds chenillés qu'adopte l'armée pour la traction de pièces d'artillerie de campagne pendant la Grande Guerre de 1914-1918. Ces engins sont alors surnommés «Caterpillar» («Chenilles» en anglais), une dénomination qui deviendra celle de la firme.

Par rapport à une roue classique, la chenille offre en effet bien des avantages : sa pression au sol est nettement plus faible, ce qui évite à l'engin de s'enfoncer dans des sols détrempés. Benjamin Holt réalise tout d'abord des machines à vapeur chenillées qui, à l'image des routières et des locomobiles, brillent surtout par leur taille imposante. En 1906, avec l'arrivée du moteur à explosion, le tracteur Holt s'allège considérablement. Il est alors caractérisé par deux chenilles, de part et d'autres du châssis, et par une roue en fer reportée à l'avant, assurant la direction. Ces engins commencent à connaître le succès dans les grandes exploitations, mais aussi dans les chantiers et les exploitations forestières où leur motricité fait merveille. L'armée s'intéresse également à ces robustes tracteurs pour la traction de ses pièces d'artillerie.

La firme achète en 1908 un de ses concurrents, la Best Manufacturing Company qui, elle aussi, explore la voie de la chenille avec des modèles

Un seul tracteur Holt peut tracter plusieurs chariots afin de former un train routier. La supériorité sur la traction animale n'est plus à démontrer !

L'avantage de la chenille dans des terrains bouleversés séduit les agriculteurs. L'engin n'est pas un Caterpillar mais un Yuba fabriqué à Marysville. Sa roue avant directrice pivote jusqu'à 90°, un plus pour opérer des demi-tours complets. Après avoir piloté des chars de combat en France, les soldats américains démobilisés et de retour dans leur ferme le manient sans peine.

Sur les engins du début du siècle, il y a beaucoup de leviers et de manettes à actionner, le tout dans une atmosphère graisseuse !

L'énorme Holt Model 45, que l'on dirait sorti de l'imaginaire de Jules Verne, est une vraie bête de somme. Il développe 45 chevaux grâce à un moteur 4-cylindres.

Ci-contre : le petit tracteur à chenilles Cleveland effectue seul le travail de neuf chevaux et de trois hommes. Ce type d'argument est récurrent et contribuera à rendre l'agriculture nettement plus productive.

Ci-dessus : un Caterpillar 2Ton tracte une machine à ramasser les pommes de terre. Les tubercules sont acheminés directement dans un tombereau tiré par des chevaux.

plus petits, avec ou sans roue avant, qui sont mieux adaptés aux exploitations agricoles de taille moyenne. Pendant la Première Guerre mondiale, bon nombre de ces engins sont envoyés en Europe où ils font une forte impression. On les surnomme très vite les « caterpillar » (« chenilles » en anglais) : c'est le nom qui sera choisi en 1921 pour la nouvelle société née de la fusion de la Holt et de la Best Manufacturing Company. C'est ainsi que la Caterpillar Tractor Company entre dans la légende.

Ci-dessous : la Electric Wheel Company fabriquera des tracteurs jusqu'en 1929. Ce modèle est propulsé par un moteur placé en position centrale, au plus près des roues motrices, afin de favoriser l'adhérence.

Case 10-20

Ci-dessus : l'américain Case, spécialisé dans le matériel agricole, aborde le tracteur à pétrole dès 1892, mais attend vingt ans avant de débuter une véritable commercialisation. En 1915, la marque dévoile le 10-20 représenté ici, un modèle plus petit, doté de trois roues et destiné à concurrencer le IHC Titan.

Le cas unique du Fordson

On peut considérer que la paternité du tracteur moderne, à la fois compact et abordable car destiné à être produit en grande série, revient à Ford.
Henry Ford est issu d'une famille d'agriculteurs. Il fonde la Ford Motor Company en 1903, à l'âge de 40 ans, après avoir réalisé plusieurs véhicules automobiles. En 1904, la Ford Motor Company a déjà assemblé 1 708 châssis et mis en place une filiale au Canada. Ces premiers pas témoignent de la volonté d'Henry Ford de se tourner vers la production en grande série et aussi de conquérir des marchés extérieurs. C'est une politique certes ambitieuse, mais qui ne tardera pas à porter ses fruits.
La marque approche le monde du tracteur avec la même ambition dès 1907. L'engin agricole réalisé sous la forme d'un prototype emprunte un grand nombre de pièces aux productions automobiles Ford. Ce premier tracteur est d'ailleurs dénommé « automobile plow » – la « charrue automobile ». Il emprunte la mécanique à quatre-cylindres de 20 chevaux ainsi que la transmission de la voiture Model B et d'autres éléments du Model K.
Malgré l'enthousiasme d'Henry Ford, la réalisation de ce tracteur n'entre pas véritablement dans le programme de production de la firme. Ce projet est donc conçu à part avant d'être rapidement occulté par la réalisation de la fameuse Ford T, lancée en 1908.

La conduite d'un tracteur en costume de ville avec chapeau melon et cravate nécessite un minimum d'attention pour ne pas se tacher... La scène se déroule en Grande-Bretagne vers 1905 et l'engin tire une charrue. Il s'agit sûrement d'un tracteur prototype en pleine démonstration.

Le tracteur Holt à chenilles fait ses débuts vers 1904 mais il fonctionne à la vapeur. La première machine à moteur à explosion dotée de chenilles apparaît deux ans plus tard. Elle sert à tracter une moisonneuse. L'armée américaine s'intéresse vite à ces engins pour remorquer canons et obusiers. Bon nombre d'entre-eux sont envoyés en Europe à partir de 1917, quand les États-Unis entrent en guerre. Jusque dans les années 1920, ces chenillés n'ont aucune carrosserie.

Caractéristiques PRINCIPALES

Holt
1914-1924

Moteur :
4-cylindres à soupapes en tête refroidi par eau, fonctionnant au pétrole (démarrage à l'essence)

Cylindrée :
4 100 cm^3

Alésage x course :
101,6 x 139,7 mm

Puissance :
à la barre : 15 ch
à la poulie : 25 ch

Transmission :
boîte de vitesses à 2 rapports avant (puis 3 rapports) et une marche arrière

Châssis :
double longeron entretoisé

Suspension avant :
par lames, unique centrale

Suspension arrière :
sans

Freinage :
par différentiel

Poids total : 2,31 t

Henry Ford est convaincu de la nécessité de construire un petit tracteur multi-usages, d'un prix très abordable et pouvant être produit en grande série. Il s'attelle très tôt à cette tâche en réalisant une charrue automobile dès 1907, mais il attend l'année 1917 pour réellement concrétiser son projet. On voit ici un modèle de 1915 en essai, le premier à utiliser les composants mécaniques de la Ford T.

Il faudra finalement attendre 1915 pour que la « charrue automobile » ressorte des cartons avec de nouveaux prototypes expérimentés à des fins personnelles dans la ferme de Dearborn. Ces nouveaux tracteurs – qui adoptent le moteur de la Ford T – se reconnaissent à leur deux réservoirs cylindriques au-dessus du moteur : l'un contient l'essence, le second l'eau du circuit de refroidissement. À l'automne 1915, Henry Ford annonce la création d'une unité de production dédiée aux tracteurs. Comme il n'est pas majoritaire dans le capital de la Ford Motor Company, il ne peut utiliser le nom Ford pour les tracteurs.

À gauche : l'innovation majeure de Ford est d'adopter un ensemble moteur, boîte et pont qui, formant le châssis, aboutit à la disparition pure et simple de celui-ci. Ford n'a pas inventé cette technique mais il l'a rationalisée et, surtout, le tracteur sera produit à un tarif attrayant. À droite : le 21 mai 1925, le 500 000e exemplaire du Fordson sort des usines de River Rouge. Il conserve des roues en fer à crampons, mais il existe déjà des roues à bandage caoutchouté proposées en option.

Une nouvelle entité voit alors le jour : la Henry Ford & Son.
Les prototypes qui suivent vont rompre totalement avec les modèles précédents, en abandonnant notamment le classique cadre de châssis, comme sur les voitures, pour le « three-unit system » : le moteur, son embrayage, la boîte de vitesses et le pont, désormais boulonnés ensemble sous un carter étanche, ne forment plus qu'un seul bloc, à la fois moteur et porteur. Cette architecture dite « châssis carter » va être celle de tous les tracteurs des décennies à venir. Sur les modèles de début 1916, on note aussi le volant légèrement décalé à droite,

C'est pour limiter les phénomènes de cabrage, allant parfois jusqu'au retournement complet du tracteur, que Ford conçoit des extensions d'ailes arrière qui remplissent le rôle de béquilles.

Le Fordson fit en France une belle carrière. Cet exemplaire conservé est équipé de pneumatiques (qui sont proposés dès 1927) et les roues avants de ce type sont celles adoptées en 1930.

ce qui permet au conducteur de se retourner plus facilement afin de surveiller le travail de la charrue. Lors de la production en grande série, on en reviendra pourtant au classique volant central. Après divers essais de roues et d'emplacement d'échappement, le modèle F peut finalement entrer en production en 1917. Il dispose d'un moteur quatre-cylindres à soupapes latérales de 20 chevaux à la poulie, et de 10 chevaux à la barre ; il est alimenté au kérosène. Compact, avec ses 2,60 m de long et son empattement de 1,60 m, il pèse 1 225 kg. Indubitablement, ce Fordson est le premier tracteur de l'ère moderne, quoiqu'un peu « léger » pour les travaux lourds. Et il a une nette tendance à se cabrer en marche arrière, pouvant même occasionner des accidents mortels lorsque, déséquilibré, le tracteur se retourne complètement. La faute en revient, entre autres, à un système d'attelage par crochet situé trop haut. Pour pallier ce défaut, les tracteurs reçoivent des garde-boue spéciaux qui font office de plate-forme lorsque l'engin est trop cabré. Mais il s'agit là d'un replâtrage. De plus, l'entraînement par pont à vis limite grandement la garde au sol. Cela n'empêche pas le Fordson de connaître une destinée exemplaire.

L'entrée en guerre des États-Unis va littéralement « booster » les ventes. Le Grande-Bretagne, engagée dans le conflit depuis 1914, a en effet un besoin vital de matériel moderne pour accroître sa production. Très réticent à l'idée d'apporter son aide à un pays en guerre (Henry Ford est un catholique pacifiste), le constructeur finit par accepter de fournir 7 000 Fordson. Au milieu de l'année 1918, 131 tracteurs sortent chaque jour des usines de la Ford & Son, Inc. À la fin de l'année, la production totale atteint 34 167 exemplaires ! Elle sera encore de 57 290 exemplaires en 1919, année où une partie de la production est transférée hors des États-Unis, plus précisemment à Cork, en Irlande, afin de conquérir plus facilement le marché européen.

En 1920, le secteur des tracteurs retourne dans le giron de la Ford Motor Company, bien qu'ils continuent de porter le nom de Fordson. Sans réel concurrent, Ford s'accapare plus d'un tiers du marché de la machine agricole (presque 71 000 unités sont assemblées cette année-là) et se paye même le luxe de baisser les tarifs afin de faire face à une récession des ventes. Les années suivantes, la barre des 100 000 exemplaires est allégrement franchie et, en 1925, le 500 000ᵉ tracteur Fordson sort de l'usine américaine de River Rouge où la production pour le marché américain est localisée depuis 1920. Après 1925, le petit tracteur commence un lent déclin malgré certaines améliorations (roues pleines à bandages, pneumatiques ou chenilles adaptables en option) et un prix de vente sans cesse revu à la baisse. En 1928, les machines-outils essentielles à la fabrication sont finalement envoyées en Irlande où les coûts de production sont moindres, plus aucun Fordson n'est donc construit aux États-Unis. Tous types confondus, le Fordson F aura été produit à presque 750 000 exemplaires. Au Fordson F succède ensuite le Fordson N, plus puissant (30 chevaux) et construit à près de 205 000 exemplaires. Malgré ses défauts, il est le tracteur du début du XXᵉ siècle, celui qui fait entrer le monde agricole dans l'ère de la productivité et du coût de revient.

Ce tracteur Case est un de ceux importés en France après 1918. Les roues motrices sont munies d'extensions améliorant la motricité dans les sols détrempés.

Ci-contre : le tracteur Tourand-Latil est l'une des réponses françaises à la mécanisation des campagnes après la Première Guerre mondiale. Il se caractérise par une voie arrière assez étroite, encadrée par deux poutres latérales et par un système de relevage par câble de l'outil aratoire. Enfin, argument majeur, il remplace douze chevaux pour le coût de trois...

Ci dessus : la firme Delaunay tente une approche originale du tracteur après 1918 avec cette curieuse machine. Pour accroître la pression au sol en se passant de chenilles, Delaunay imagine ce large rouleau avec un moteur logé à l'intérieur.

Ayant assemblé des milliers de chars FT 17 pendant la Première Guerre mondiale, la société Renault possède un réel savoir-faire dans le domaine des chenillés. À partir de son tank, elle réalise un tracteur agricole qui rencontrera le succès : le HI.

Après 1918, une grosse partie du nord de la France est dévastée. Et que dire des centaines de milliers de Poilus tués ou mutilés, majoritairement issus du monde rural ? L'agriculture française mettra plusieurs décennies à se relever.

Un retard inévitable

Les fabrications nord-américaines vont largement pénétrer le territoire français après 1918, au grand dépit des constructeurs français.

Dès 1910, la firme française Bajac réalise un tracteur à quatre roues de 35 chevaux qui n'a rien à envier à ses frères américains, si ce n'est son prix plus élevé. Mais la guerre, en convertissant l'industrie à sa cause, va considérablement ralentir la production d'engins civils, a fortiori agricoles. Bizarrerie de l'histoire, la France prend une nette avance dans le domaine des engins chenillés militaires avec, par exemple, le Renault FT 17, un char d'assaut de soutien d'infanterie particulièrement mobile. Ce blindé va largement équiper les forces américaines, totalement dépourvues de ce type de matériel. Il donnera naissance après-guerre à un tracteur agricole multi-usages, le HI, reconversion réussie de Renault dans le civil. Mais peu de fabricants ont le temps de proposer de nouveaux modèles : le manque de tracteurs est d'autant plus grave que les gouvernements qui se succèdent après l'armistice de 1918 entendent bien moderniser le pays. Ils vont ainsi favoriser la motorisation via une prime de 15 % sur l'achat d'un engin neuf mais aussi en permettant l'importation massive de matériel étranger, surtout américain, ce qui ne facilite pas la tâche des constructeurs français qui ont beaucoup investi pour tenter de convertir les paysans français.

La concurrence est rude : les engins fabriqués par Ford, Case, Moline ou l'anglais Austin semblent plus simples et mieux adaptés aux petites et moyennes exploitations. Les constructeurs français expérimentent d'autres solutions : les tracteurs à chenilles de Renault et de Peugeot, les charrues automobiles de Latil ou le tracteur à rouleaux de Delaunay-Belleville tentent de séduire. La presse se fait l'écho de cette belle production hexagonale, condamnant les machines américaines au

Le soleil se lève à nouveau sur nos campagnes. Et la France se met à rêver de charrues à balance automotrices capables de tracer seules leur sillon. Il s'agit plutôt d'un aveu : le pays n'a pas assez de tracteurs !

Case diffuse largement ses produits en France. Depuis 1878, la marque est même très connue des Français car c'est à l'Exposition universelle de Paris qu'elle a remporté une médaille d'or avec une batteuse.

nom de la préférence nationale. Mais que penser de l'utilité de certains engins comme cet Auto-Marcheur vu lors du premier salon de l'Agriculture en mars 1922, sorte de motoculteur muni d'un essieu avant mais dont le déplacement est assuré par des « pattes » motrices ? Son inventeur est en effet persuadé que la roue est inutilisable sur des terrains détrempés et que seul le bœuf, avec ses quatre pattes, peut alors effectuer les travaux de labour. Ce « bœuf mécanique » n'a, semble-t-il, pas séduit le monde agricole.

Le Renault PE succède en 1926 au HO. C'est un petit tracteur de 20 chevaux, assez léger et compact, et donc bien adapté aux petites exploitations françaises. 1 800 exemplaires sont assemblés jusqu'en 1937. Ce chiffre qui peut apparaître faible (moins de 165 exemplaires par an) est le reflet de la sous-mécanisation de la France d'avant 1945.

Auror, De Mesney et Latil s'orientent quant à eux dans la voie de l'engin à quatre roues motrices et directrices. Alma et Dubois se font les chantres de l'avant-train (une sorte de gros motoculteur à deux roues motorisées, doté d'une direction), tandis que De Dion-Bouton opte pour les gros tracteurs dont l'allure générale rappelle davantage le camion. Bref, bon nombre de constructeurs français en sont encore au stade de l'expérimentation, sans se rendre compte que c'est bel et bien le Fordson américain – et toutes ses copies – qui s'avère être l'outil idéal.

Dans la revue *Omnia* d'août 1920, un certain capitaine Renaud rédige un article intitulé *Le tracteur automobile à tout faire*, mettant l'accent sur les divers travaux que doit effectuer le tracteur du futur, les classant en trois grandes familles : « Les travaux sur le terrain, qui comprennent le labourage proprement dit, le roulage, le hersage, les semailles, la moisson

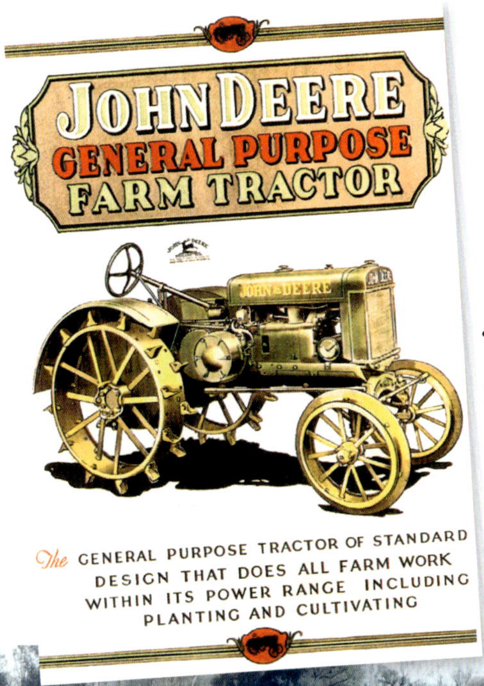

John Deere est un autre de ces grands constructeurs américains qui vont largement exporter leur production. En 1928, la marque lance le GP (pour General Purpose ou « tous usages »), un petit tracteur avec un essieu avant en U inversé qui augmente la garde au sol. Il dispose d'une prise de force avant en sus de la poulie de battage.

Le Model B ci-dessous est également estampillé General Purpose, mais il s'agit d'un engin dépouillé moins puissant que le GP originel.

International Harvester dévoile aussi, à la veille de la Seconde Guerre mondiale, sous la marque McCormick-Deering, les gammes H et M. Le M peut recevoir un moteur diesel mais il sera très peu importé en France.

Le Farmall F12 est lancé avant la Seconde Guerre mondiale. Sur ce prospectus, il s'agit d'un McCormick mais le Deering est en tout point identique. C'est un tracteur typiquement américain avec son train avant monocycle (peu répandu en France), mais il est assemblé dans l'usine allemande de Neuss qui réalise les Farmall pour le marché européen.

et le liage des gerbes, l'arrachage, le transport des récoltes vers la route ; les travaux sur place, dehors ou à la ferme, comme le battage, le décorticage, le concassage, la mouture, etc. ; les travaux sur route qui comportent les transports des champs à la ferme, et de la ferme à la gare ou à l'entrepôt ». Le capitaine Renaud vient, en quelques mots, de définir le tracteur moderne tel qu'il sera effectivement conçu quelques années plus tard.

L'un des constructeurs qui va le mieux répondre à ces attentes est John Deere. Déjà bien implanté dans le tracteur, John Deere développe à la fin des années 1920 un modèle tous usages. Le GP, ou « General Purpose » sera produit jusqu'au milieu des années 1930. Particulièrement bien outillé, il dispose non seulement d'une poulie et d'une barre de traction, mais aussi d'une prise de force et d'un relevage mécanique. Pour ce type de tracteur, c'est une grande première.

Un autre constructeur américain fait largement parler de lui au milieu des années 1920 avec une gamme de machines à tout faire pour la ferme : les farmall (« farm all », ou « tout pour la ferme »). Farmall n'est pas une marque ; cet engin agricole est l'œuvre de la International Harvester Company qui le distribue sous les noms de McCormick et de Deering. Mais ce

« Culti-vision » est le nom donné par International Harvester au système qui permet de fixer les outils aratoires sous le châssis ou vers l'avant du tracteur, dans le champ de vision de l'agriculteur. Ce dispositif est rendu possible par l'importante garde-au-sol que possède toute la gamme Farmall. D'ailleurs, on monte sur un Farmall pour accéder à son siège, alors qu'on peut se contenter d'enjamber la plupart des autres tracteurs.

tracteur acquiert une telle popularité à la veille de la Seconde Guerre mondiale que Farmall devient un nom propre.

En fait, c'est pour réagir à la guerre des prix lancée par Ford que la International Harvester Company (qui n'est pas au mieux de sa forme après la Première Guerre mondiale) élabore un nouveau type de tracteur. Il présente désormais une importante garde au sol grâce à une transmission par engrenages sous carter. Contrairement au Fordson, il fait appel à un châssis sur lequel on peut greffer des outils. « Haut sur pattes », le Farmall s'avère pratique pour enjamber les cultures comme le coton ou le maïs.

Ce premier modèle est vite baptisé Regular, terme qui s'applique à un engin dit « de base ». Il connaît immédiatement le succès, y compris en France où il est importé à partir de 1927, distribué soit par la société R. Wallut et Cie sous le nom de McCormick, soit par les entreprises Ch. Faul à Paris sous le nom Deering.

À partir de 1931, la International Harvester Company produit la série F, les premiers tracteurs à être diffusés en France sous le nom McCormick-Deering en 1934. Ils sont aussi les premiers à recevoir la teinte rouge qui va identifier les productions de la International Harvester Company et la rendre célèbre.

Enfin, en 1939 sont commercialisés aux États-Unis le mythique Farmall H et le plus imposant M, à l'allure nettement plus moderne, sa ligne ayant été dessinée par le designer franco-américain Raymond Loewy. Fiables et élégants, ces premiers Farmall restent toutefois assez chers – plus chers que le Fordson – mais il est incontestable que ce tracteur permet à la International Harvester Company de rester compétitive dans l'industrie du machinisme agricole, touchée de plein fouet par la grande crise de 1929. Celle-ci va considérablement accélérer la réduction du nombre de constructeurs américains (qui est divisé par cinq entre 1920 et 1930).

Ce Farmall Regular avec roues en fer et crampons type ornière (vendues d'origine) est au milieu des années 1920 l'un des meilleurs tracteurs au monde. Ce type est importé en France à partir de 1927.

L'épopée Austin

Si le Fordson est le premier tracteur de l'ère moderne et que le Farmall lui donne la réplique, c'est surtout l'Austin A15-25 qui conquiert la France des années 1920. Il y a quelques analogies entre Henry Ford et Sir Herbert Austin. Tous deux ont marqué le monde automobile de chaque côté de l'Atlantique, mais les deux hommes sont aussi fils d'agriculteurs : ces origines terriennes ont sans aucun doute stimulé leur envie de construire un engin agricole. Sir Herbert Austin est assez impressionné par les méthodes de production et la rationalisation des usines Ford. Après la guerre de 1914-1918, il décide de produire à son tour un tracteur animé par un moteur quatre-cylindres à soupapes latérales, celui de la petite berline Twenty. Austin doit faire vite car Ford s'est déjà implanté en Irlande pour produire ses Fordson, à destination du marché européen. Malheureusement pour Austin, les Fordson sont trois fois moins chers !

Austin se tourne alors vers la France et c'est à Liancourt, dans l'Oise, qu'une unité de production est chargée du petit tracteur AM, en 1920, puis du A15-25 l'année suivante. Pourquoi A15-25 ? Ce type de numérotation, propre à bon nombre de tracteurs anglo-saxons, exprime la puissance « à la barre » – à la barre de traction (15 chevaux dans le cas de l'Austin) – et celle « à la poulie » – à la poulie d'entraînement, ou poulie de battage (25 chevaux pour l'Austin).

L'Austin A15-25 est construit en France à Liancourt, dans l'Oise, à partir de 1921. D'origine britannique, le petit tracteur bleu a fort à faire avec la concurrence des Fordson dans son propre pays. La marque anglaise écoule donc son tracteur dans l'Héxagone. Avec succès.

Austin

Caractéristiques PRINCIPALES

Austin A15-25
1921-1934

Moteur :
4-cylindres Austin à soupapes latérales refroidi par eau, fonctionnant au pétrole (démarrage à l'essence)

Cylindrée :
3 601 cm^3

Alésage x course :
95 x 127 mm

Puissance :
à la barre : 15 ch
à la poulie : 25 ch

Transmission :
boîte de vitesses à 2 rapports avant (puis 3 rapports) et une marche arrière

Châssis :
ensemble autoporteur moteur-boîte-pont formant un carter unique

Suspension avant :
par lames, unique centrale

Suspension arrière :
sans

Freinage :
aux roues arrières uniquement

Poids total : 1,45 t

L'Austin A15-25 est l'un des premiers tracteurs populaires étrangers à être massivement assemblé en France. Il s'inspire clairement du Fordson, dont il reprend la conception avec châssis autoporteur.

Si les tracteurs Austin sont assemblés en France, les pièces sont fabriquées en Angleterre, exceptés quelques accessoires. Ils démarrent à l'essence, mais fonctionnent ensuite au pétrole, ce qui est plus économique, le pétrole n'étant pas taxé à cette époque. Ce sont des engins robustes, avec une conception identique à celle des Fordson, l'ensemble moteur-boîte de vitesses et pont formant un seul corps.

Commercialisés en France avec de nombreux équipements adaptés, comme la charrue polysoc des établissements Bajac (qui proposent une grande variété d'accessoires dédiés aux Austin), les Austin s'adaptent à la demande. Ainsi, il existe une version « vigneron » rehaussée permettant de circuler entre les plants de vigne. Puis le tracteur se verra greffer une boîte à trois rapports de série et proposera

Le Renault AFV est le dernier Renault à essence d'avant-guerre. Il est effectivement produit de 1938 à 1944 mais sa fabrication ne sera pas poursuivie après le conflit.

Les tracteurs à « boule chaude » connaissent un engouement avant la Seconde Guerre mondiale. En France, c'est la SFV qui va populariser ces tracteurs semi-diesel avec le H2, plus ou moins copié sur le Lanz allemand. Mais un grand nombre de marques vont elles aussi se concentrer sur les « têtes incandescentes », telle Le Robuste (ci-dessus), version française d'un engin hongrois lui-même dérivé du Lanz. Les boules chaudes sont une affaire de famille…

divers types de roues en option, y compris des roues à bandage en caoutchouc pour les déplacements sur routes ouvertes. Il connaît une assez bonne diffusion sur le territoire mais, comme pour l'ensemble des constructeurs, ses ventes subissent un ralentissement lorsque l'État supprime la prime de 15 % à l'achat d'un tracteur, et lorsque survient la crise des années 1930.

Et c'est regrettable car c'est justement à cette époque que l'industrie du machinisme agricole prend réellement son essor. Renault développe à partir de 1932 toute une série de tracteurs à roues et à chenilles, dont les VI (chenillés) et les VY (à roues), les tout premiers tracteurs diesel français.

De son côté, la Société française de matériel agricole et industriel de Vierzon (SFV) se lance en 1935 à la conquête du marché agricole en copiant la firme allemande Lanz, réputée pour ses tracteurs Bulldog à « boule chaude » dotés de moteurs semi-diesel deux-temps. La SFV se paye même le luxe de produire en 1937 le plus puissant des tracteur français, un 45-50 chevaux dénommé H0. Mais cet effort de l'industrie française ne portera pas ses fruits : d'une part la production, sans être anecdotique, n'est pas énorme (on considère que Renault produit 4 000 tracteurs entre 1920 et 1939) et d'autre part, c'est une nouvelle fois la guerre qui va stopper net l'essor de la machine agricole…

Une grosse partie des tracteurs mis en service en France après la guerre viennent d'outre-Atlantique. Une grande majorité est d'origine américaine mais pas seulement. La firme Massey-Harris est en effet canadienne. Elle fusionne en 1953 avec le britannique Ferguson et devient alors la Massey-Harris-Ferguson puis Massey-Ferguson cinq ans plus tard.

chapitre 2

Les tracteurs s'imposent

La Seconde Guerre mondiale marque un net coup d'arrêt de la production de tracteurs. Après 1945, l'engin agricole connaît un essor remarquable, à l'instar de l'automobile ou du poids lourd. Cette envolée est liée à une relance et à une profonde modification du monde agricole, voulues par l'État qui, désormais, s'impose en France à travers les nationalisations et la planification. Néanmoins, ce sont les grandes exploitations qui sont une fois de plus privilégiées. C'est donc pour elles que se développe en France une gamme de tracteurs de forte puissance. Les petits exploitants vont alors se tourner vers des produits de taille plus modeste. Si, après 1918, le Fordson et l'Austin ont trouvé leur public, les années 1950 seront celles des Farmall Cub, des Pony et autres Ferguson « Petits Gris ».

Nationalisée en 1945, la marque Renault devient la Régie nationale Renault. Ses tracteurs des séries 304 E et leurs dérivés 3040 vont être très populaires. On note l'imposante poulie latérale qui est encore très utile pour entraîner les batteuses.

La CLM (Compagnie Lilloise de Moteurs) est un fabricant de moteurs stationnaires, ces machines qui sont tant appréciées dans les campagnes pour de multiples usages. La CLM devient par la suite la filiale Indenor de Peugeot, fort réputée pour ses moteurs diesel.

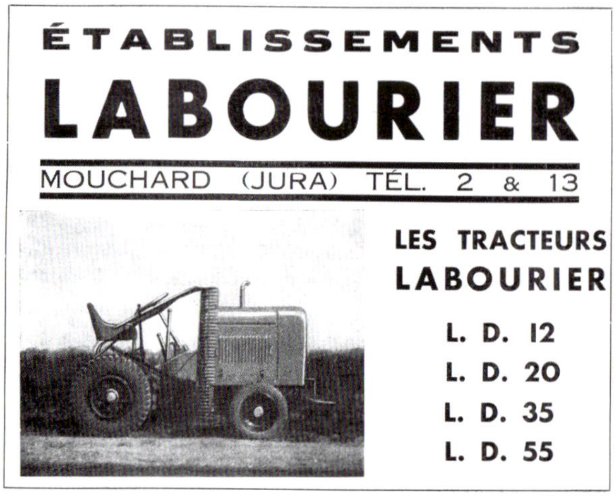

Labourier est un constructeur du Jura « touche-à-tout » puisque son activité mêle véhicules industriels et tracteurs. Après la guerre, sa production pour l'agriculture sera assez importante, avec des engins équipés de moteurs CLM.

Le PCF est, en 1945, la force politique dominante. Il se veut le « parti des 75 000 fusillés », chiffre sans nul doute exagéré. Mais qu'importe, son influence est forte, et il participe au gouvernement jusqu'en 1947. Parti des ouvriers, il tente de rallier le monde paysan, avec moins de succès...

À la veille de la Seconde Guerre mondiale, les grandes exploitations de plus de 100 hectares se comptent en France certes par milliers, mais celles de moins de 100 hectares dépassent le million et demi. La mécanisation est assez bien avancée mais, à l'instar de ce qui se passe dans l'automobile, on compte dans l'Hexagone de très nombreux constructeurs – près de 700, qui se partagent un marché très segmenté – avec des chiffres de production encore très faibles. Seul Renault réussit à percer avec des chiffres de production annuels qui représentent alors 50 % de l'ensemble de la production nationale (environ 1 700 tracteurs par an).
Dans la plupart des cas, on produit les engins à l'unité, dans de petites usines disséminées sur tout le territoire : ces tracteurs ou ces gros motoculteurs sont vendus dans une zone déterminée, souvent peu éloignée de l'usine mère. Les concessionnaires, alors multimarques, ont besoin de toute leur énergie pour imposer tel

ou tel véhicule. Nous sommes encore à l'ère du constructeur assembleur qui réalise des ensembles à partir de pièces sous-traitées.
On se contente parfois de motoriser un engin déjà existant : la société Amadou, installée à Saint-Gratien (Val-d'Oise), réalise ainsi des tracteurs à roues et à chenilles à partir de châssis International Harvester Mogul ou Scemia (entreprise parisienne qui assemblait des tracteurs britanniques Sauderson sous licence). Les engins Amadou sont toutefois motorisés par des monocylindres conçus en France.
Ces procédés de fabrication sont fort répandus durant toutes les années 1920 et 1930, aussi

Au lendemain de la Seconde Guerre mondiale, les campagnes sont loin d'être complètement mécanisées. C'est encore à la fourche que l'on déterre et charge les betteraves dans une charrette.

Cette photo date de 1943 et ces ouvrières des champs qui remplacent les hommes, partis sous les drapeaux, sont britanniques. La guerre marque le basculement de la femme dans une époque où son rôle dans l'exploitation va prendre de l'importance, et ne sera plus circonscrit à l'écrémage du lait ou à la nourriture de la basse-cour. Elle aussi va devoir s'adapter à l'exploitation moderne.

Comme Gohin-Poulenc, Brandt et de nombreux autres spécialistes, Imbert réalise durant la Seconde Guerre mondiale, et même après, quantité de gazogènes. Faute de carburant disponible, le gazogène permet d'alimenter les moteurs en gazéifiant le charbon (ou le bois, ou la lignite, ou la houille). Mais il faut environ 100 kg de bois pour parcourir 100 km.

le pays se retrouve-t-il avec une multitude de marques, de sous-ensembles plus ou moins bricolés, sans compter une gestion des pièces détachées quelque peu laborieuse.

Durant l'Occupation, puis dans les mois qui suivent la Libération, la priorité des Français est de manger. L'équilibre alimentaire est précaire, surtout dans les villes. Souvent, la ration quotidienne d'un adulte ne dépasse pas 1 000 calories. Les carences sont nombreuses.

L'agriculteur doit bien souvent se débrouiller pour réparer son engin, il doit savoir manier le marteau de forgeron, apprendre la soudure et connaître les mystères du moteur à explosion. Pendant des décennies, il a dû soigner ses bêtes de trait et les nourrir, le voici désormais devenu chauffeur et graisseur. Certains refuseront de se convertir à ce qu'ils considèrent comme une perte de temps. Et le temps, c'est de l'argent !

À l'inverse, les matériels de labour – râteaux et faneurs – se sont notablement perfectionnés et ont largement pénétré le monde rural. Cette mécanisation « simple » cache toutefois une autre réalité : les semoirs, les moissonneuses-lieuses, et a fortiori les tracteurs, sont encore peu nombreux, sauf dans les départements d'Afrique du Nord où dominent les grandes exploitations. En métropole, le cheval et le bœuf ont encore de beaux jours…

L'État entre en jeu

La Seconde Guerre mondiale a grandement appauvri le monde rural, déjà affaibli par la Première Guerre mondiale, un très grand nombre de paysans ayant été appelés sous les drapeaux. En septembre 1939, lorsque éclate la guerre, la mobilisation générale va à nouveau prélever un grand nombre de ruraux. Certains sont tués au front, d'autres sont prisonniers de guerre. Au total, près de 13 % de la population active rurale est absente.

Certes, dans l'ensemble, le monde paysan a moins souffert des privations alimentaires que l'habitant des villes, mais la production agricole s'est effondrée malgré « le Retour à la terre » prôné par le régime de Vichy : 2 millions d'hectares de terres cultivables ne le sont plus durant cette période sombre. Et la plupart de ce qui a été soutiré à la terre est envoyé en Allemagne, l'occupant allemand mettant la main sur les céréales et une grosse partie des élevages. Les rares élevages industriels de l'avant-guerre disparaissent purement et simplement.

La France se voit contrainte de nourrir les soldats de la Wehrmacht : c'est l'ère du rutabaga et du topinambour. Le Français des ville s'adonne aux joies du potager... sur son balcon, histoire d'améliorer un bien pauvre ordinaire.

L'industrie du tracteur est considérablement ralentie, voire inexistante. La production et l'importation de carburant sont quasi nulles et les maigres rations de pétrole sont de toute

Le GI américain découvre un pays rural qu'il juge sans doute arriéré. Le mode de vie du paysan a de fait peu évolué depuis la Première Guerre mondiale. Mais le GI découvre aussi le cidre et le calva...

La libération du territoire met à mal de nombreuses terres cultivables ainsi que le cheptel, tels ces bovins gisant dans une cour de ferme récemment conquise par les troupes américaines.

Des milliers de soldats allemands sont capturés. Beaucoup d'entre-eux seront affectés à des tâches agricoles pour suppléer au manque de main-d'œuvre.

façon réservées aux administrations. On doit donc se tourner vers d'autres sources d'énergie. Le charbon de bois permet d'alimenter les moteurs grâce au gazogène et l'on verra dans les champs ces curieux tracteurs équipés d'un imposant cylindre latéral, sorte de poêle à charbon produisant un gaz destiné à faire fonctionner le moteur. Quel retour en arrière !

La situation ne s'arrange pas avec la libération du territoire en 1944. Les combats ravagent la Normandie et l'est de la France (presque 210 000 exploitations sont détruites). Il y a peu ou pas d'engrais pour les cultures, peu ou pas de machines agricoles, et une telle pénurie de main d'œuvre que l'on en vient à recourir aux prisonniers allemands pour aider aux travaux des champs.
Le Français peine à obtenir 1 000 à 1 200 calories par jour, là où un adulte ou un homme jeune a besoin au moins du double. Pour certains, la situation alimentaire est même pire que sous l'Occupation. Le marché noir perdure, tout comme les tickets de rationnement.
Et puis le climat s'en mêle : l'hiver 1944-1945 est très rude, le printemps est marqué par des gelées tardives qui vont abîmer sinon détruire les plants. La France n'est alors plus autosuffisante : c'est réellement un drame pour le pays qui souhaite retrouver son rang d'avant la guerre.

En septembre 1944, un bombardement a totalement dévasté le centre-ville et la zone portuaire du Havre. L'ensemble est reconstruit par Auguste Perret suivant un schéma architectural très novateur qui plaque grandes places et édifices bétonnés sur un plan en damier.

La Renault 4CV est la première voiture populaire française de grande série, surtout destinée à la classe moyenne. Renault tentera aussi de séduire les campagnes et les familles nombreuses avec la Prairie, une voiture multi-usages mais sans grand succès.

Privés pendant les années de guerre, les Français visitent en masse le Salon des Arts Ménagers où ils se procurent les nouveautés dont ils sont avides. La consommation de margarine, substitut de beurre à base d'huile végétale, connaît une envolée durant les années 1950 et 1960. Ce qui permet d'utiliser les arachides en provenance des colonies – ou nouvelles ex-colonies…

Malgré la paix, l'avenir est donc incertain pour le secteur agricole. La IVe République s'installe et l'État va s'affirmer dans tous les domaines. En mars 1946 est créé l'Institut national de la recherche agronomique, l'INRA. Cet organisme va réfléchir à la mise en place d'une production agricole de masse en mettant la science et la technologie au service du développement de l'agriculture, via l'amélioration des techniques de production et la sélection génétique végétale et animale. Ce vaste programme conduira par la suite au développement des cultures intensives et de la filière agro-alimentaire. Mais jusqu'à la fin de la décennie 1940, on n'en est pas encore là, loin s'en faut. Les récoltes

Solex fait sa pub. Le grand fabricant de carburateurs est omniprésent dans l'industrie automobile et celle du véhicule industriel. Ici, Solex s'adresse au porte-monnaie des agriculteurs en insistant sur les économies de carburant que ses produits permettent.

sont médiocres jusqu'en 1947, à cause des mauvaises conditions météorologiques et de la faiblesse de la production industrielle, incapable de fournir des tracteurs et des engins neufs. La Renault 4CV, née clandestinement pendant l'Occupation, ne sera réellement produite en série que vers 1947-1948. La robuste mais spartiate Citroën 2CV, prévue d'ailleurs pour séduire les ruraux, se fait encore plus attendre.

La production agricole des années 1945 à 1948 présente des chiffres qui sont même alarmants : en 1945, elle ne constitue en effet que 60 % de celle de l'année 1938. Cela ne s'arrange pas en 1947 où les récoltes de blé désastreuses contraignent le pays à importer massivement des céréales. Ces importations ne proviennent nullement des colonies, comme il était d'usage avant la guerre, mais des États-Unis, qui alimentent aussi le pays en huile, en beurre et en viande. Les prix s'envolent, l'inflation devient le fléau économique des années 1945 à 1952.

Grand fabricant de roulements à rouleaux, Timken n'y va pas par quatre chemins pour conquérir le marché français : « Voici le Progrès... La France le désire et les roulements Timken y contribuent ».

Le Plan Marshall est une aide économique que les États-Unis octroient, à partir de 1947, aux pays libérés. Ses dispositions sont de première importance pour l'agriculture française à qui elle offre les moyens d'une motorisation rapide des campagnes. En France, l'aide américaine s'inscrit dans le cadre d'une planification mise en place par Jean Monnet (ci-dessus à droite), un homme clef de l'économie française de l'après-guerre.

L'engin chenillé peut posséder une grande force motrice tout en infligeant une faible pression au sol. Le Caterpillar tire un pulvérisateur à disques en croix (passé après le labour pour aérer la terre) ainsi que trois herses qui achèvent le travail.

Des tracteurs à chenilles pour tous ?

Dans les gares françaises, près de 15 000 anciens prisonniers français sont rapatriés quotidiennement. La justice française reprend ses droits. Le maréchal Pétain est arrêté et jugé pour haute trahison. Eu égard à son grand âge, sa peine de mort est commuée en prison à perpétuité.

Un autre procès secoue la France : le docteur Petiot est arrêté en octobre 1944. On a découvert dans la chaufferie de sa maison de la rue Le Sueur (à Paris) les restes carbonisés de 27 corps. Petiot est guillotiné en mai 1946. En montant sur l'échafaud, il lâche ces mots « Ça va pas être beau... ».

Cette photo provient d'une revue traitant des liens d'aide et de coopération entre la France et les États-Unis. Mais le tracteur est un Fiat italien, sûrement un type 50, reconnaissable au volant de direction qui freine l'une ou l'autre des chenilles.

elle tasse 5 fois moins vos terres
Richard Continental
CS 2 M - CS 2 E
VIGNERONS
30 ch.
Tuiles de 200 mm.
Larg. : 1,020 et 0,920 m.
Poids : 1.900 et 1.800 kg.
CS 2 L AGRICOLE
30 ch.
Tuiles de 250 mm.
Largeur : 1,20 m.
Poids : 2.000 kg.
CS 4 AGRICOLE
49 ch.
Tuiles de 250 ou 330 mm.
Larg. : 0,994 ou 1,300 m.
Poids : 3.050 ou 3.300 kg
CD 6 AGRICOLE 70 ch
Tuiles de 330 ou 410 mm.
Larg. : 1,490 ou 1,910 m.
Poids : 5.460 ou 5.630 kg.
CD 6 ENJAMBEUR
70 ch. Tuiles de 410 mm.
Largeur : 2,465 m.
Poids : 7.300 kg.
La gamme la plus étendue de tracteurs sur chenilles
la meilleure réponse à votre problème !
Établissements RICHARD Frères-S.A. au Capital de 10.000.000 NF.
10, rue du Faron - VILLEURBANNE (Rhône), Tél. : 84-74-91 - Bureau de Paris : 33, Bd Malesherbes (8e), ANJ. 52-44
Ets RICHARD Frères : Usine de Villeurbanne - C.A.F.L. : Usine de Saint-Chamond - SACOMAIT : Usine d'Oran

INTERNATIONAL
FARMALL
B

Caractéristiques PRINCIPALES

Richard Continental CD-6
1957-1967

Moteur :
Berliet MDY 20, 4-cylindres en ligne diesel refroidi par eau

Cylindrée :
4 950 cm^3

Alésage x course :
110 x 130 mm

Puissance :
60 ch

Transmission :
boîte de vitesses à 4 rapports avant et 2 rapports arrière

Châssis :
double longeron en acier

Suspension :
bâti de chenille en acier coulé articulé

Direction :
par différentiel commandé

Poids total :
5,50 t

Parmi les tracteurs chenillés Continental, le CD-6 mène une carrière assez longue, aussi bien dans ses applications agricoles que dans les travaux publics. La marque Richard Continental ne fabriquant pas ses propres moteurs, elle a fait appel pour cet engin au MDY 20, un 4-cylindres diesel éprouvé provenant de chez Berliet. Le CD-6 agricole dispose d'une barre d'attelage et d'une prise de force.

Le chenillé de La Licorne, vieux constructeur automobile, ne sera produit qu'à quelques exemplaires. Il semble pourtant prometteur avec son moteur de camion Willème de 60 chevaux, ses patins d'acier à semelles de caoutchouc et une vitesse sur route qui dépasse les 10 km/h. Hélas, les chenilles se bloquent trop facilement en tout-terrain... C'en est vite fini de la carrière du chenillé.

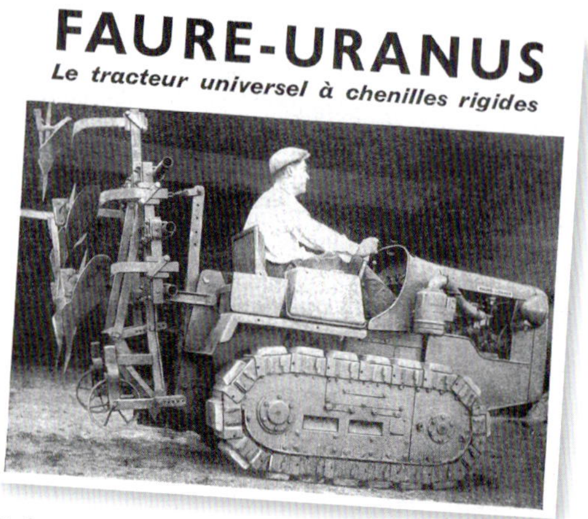

Ci-dessus : après avoir réalisé des chars de combat durant la Grande Guerre, l'usine sidérurgique de Saint-Chamond dévoile vers 1947 le Faure-Uranus, un chenillé dont la particularité tient à ses chenilles rigides formant un corps étanche avec son bâti (brevet suisse Uranus). Là encore, l'engin, prometteur, ne va pas répondre à toutes les attentes. Il est rapidement dépassé par les tracteurs classiques à roues, surtout lorsqu'arrivent les 4x4.

Rien n'est très beau en effet en ces premières années d'après-guerre. On découvre avec effroi le génocide du peuple juif commis par le régime nazi... On comprend aussi que, depuis que les États-Unis ont la bombe atomique, larguée à deux reprises sur le Japon, plus rien se sera comme avant. D'ailleurs, plus rien n'est comme avant. L'Europe est désormais divisée en deux : l'Ouest sous influence américaine et l'Est sous domination soviétique.

En attendant, il faut se retrousser les manches et repartir de zéro. Les constructeurs d'engins agricoles vont se concentrer avant tout sur les gros tracteurs lourds, à roues ou à chenilles, capable d'accroître la productivité des grandes exploitation du Bassin parisien ou du Nord.

Après avoir produit de nombreuses machines agricoles à vapeur au début du XX**e **siècle, la société anglaise Fowler s'associe avec Marshall après la Seconde Guerre mondiale. De cette union naît une série de chenillés qui reprennent l'allure des tracteurs Marshall et font entendre le son particulier de leur moteur monocylindre deux-temps de belle puissance (de l'ordre de 40 chevaux) dont le régime maxi n'excède pas 750 tr/min.

L'américain Caterpillar réalise depuis longtemps des chenillés à destination des cultivateurs. Mais ce type d'engin est peu utile sur les petites exploitations « à la française ». La marque est surtout connue en France dans le domaine des travaux publics.

L'orientation prise par l'État ne leur laisse guère le choix. La planification économique opérée par la IVe République pénètre en effet le monde paysan. Largement aidée par le Plan Marshall, qui débute en 1947, l'agriculture en devient un des secteurs-clefs car, outre son objectif impératif de subvenir aux besoins des Français, elle doit de surcroît faire rentrer des devises via les exportations, ce qu'elle fait dès 1948.

Tous les moyens sont alors bons. Cette politique passe par le remembrement et une mécanisation accélérée des campagnes pour accroître la productivité : les petites exploitations sont redistribuées pour former de grandes parcelles. Cela se fait parfois bon gré mal gré, parfois autoritairement, avec à la clef la destruction des « cloisons » que sont les haies si typiques des pays de bocages comme la Normandie ou la Bretagne. On crée de vastes chemins d'accès pour permettre la circulation des engins qui sont désormais de plus en plus puissants.

Le tracteur à chenilles semble promis à un bel avenir car il est puissant, peut tracter des charrues de labour multisocs et des herses,

Distribué par Bergerat & Monnoyeur, l'importateur français de Caterpillar, le John Deere MC connaît en France sa petite heure de gloire. Plutôt polyvalent, avec sa voie variable (écartement des chenilles réglable, de 90 à 116 cm), il peut circuler à son aise entre les étroites rangées de vignes.

L'agriculteur et l'agricultrice reprennent leur rang. C'est le temps où chaque Français doit retrousser ses manches pour le bien de la République.

et ses chenilles sont adaptées à tous les sols, notamment les surfaces en pente.

Des marques françaises peu connues comme Noralpe ou Continental saisissent cette occasion, réalisant des chenillés qui seront aussi utilisés pour les chantiers de la reconstruction. Mais de puissants groupes industriels comme Saint-Chamond ou les Aciéries du Nord sont aussi de la partie, aux côtés de constructeurs réputés dans les poids lourds comme Latil ou Bernard. À vrai dire, tout le monde a voulu produire au moins un engin à chenilles et certains s'y cassent les dents : qui se souvient de l'imposant engin La Licorne de 60 ch, du Faure-Uranus ou encore des petits tracteurs à chenilles Issoise ou Olymp des entreprises A. Olier de Clermont-Ferrand ?

Les besoins sont énormes, le Ministère de l'agriculture estime en effet qu'il faudrait 12 500 nouveaux tracteurs au premier semestre 1945 ! Cela pourrait être une aubaine pour tous les constructeurs mais il y a un obstacle majeur : à cette date, aucune usine française n'est capable de produire à des cadences élevées un tracteur à chenilles digne de ce nom. Elles manquent en effet de tout : d'acier, de machines-outils, de caoutchouc et de carburant. De plus, il faut impérativement construire des engins modernes, avec des systèmes hydrauliques et des moteurs diesel performants, nettement plus rentables que les blocs-moteur à pétrole. Un tracteur à chenilles voué à des tâches difficiles doit développer de 40 à 80 chevaux, une grosse puissance que bien peu de moteurs français sont capables d'atteindre.

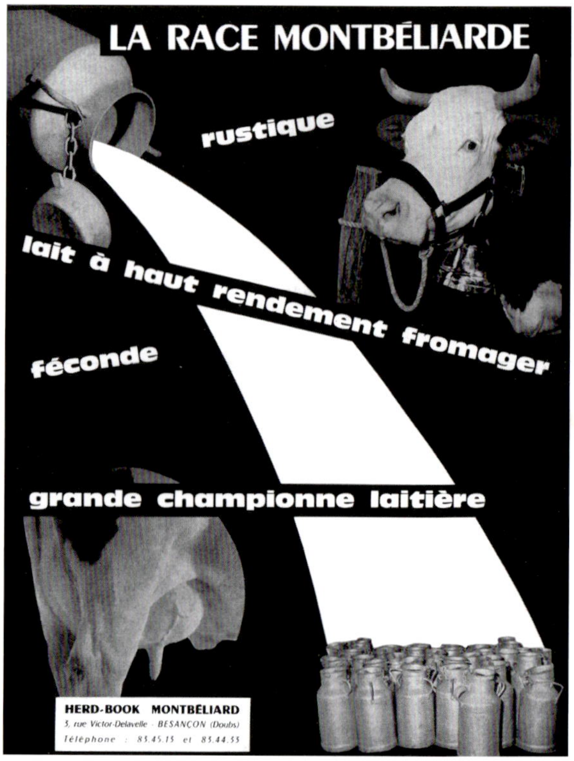

L'élevage devient une affaire de sélection et, au jeu du rendement laitier, la race Montbéliarde est la championne.

Cette publicité bucolique met en scène un Renault type R 3042 doté d'une carrosserie complète avec flancs de capot. Ce tracteur est le plus vendu de la gamme jusqu'en 1956.

Pendant la guerre et juste après la Libération, Renault fabrique le 301H puis le 304H à gazogène. Ce dernier est produit en petite quantité jusqu'à la fin de 1945, avant de donner naissance à une nouvelle gamme.

Très vite, la France se tourne vers les États-Unis qui ont déjà des modèles fiables, performants et d'un faible coût d'achat, dans la mesure où ils sont produits en très grande série : ce sont les Caterpillar, Allis-Chalmers et autre chenillés International Harvester ou John Deere qui viennent renforcer la production nationale, qui, de toute façon, ne peut pas produire le nombre de tracteurs à chenilles qui lui a été assigné.

Insistant sur le fait que le tracteur passe une part de son temps hors des champs, Renault met en avant les aptitudes routières de sa gamme munie de pneumatiques et d'une barre d'attelage transversale réglable. La Régie en profite pour rappeler que ses tracteurs sont «(...) bien français», espérant ainsi détourner le paysan indécis des engins américains.

Mais le tracteur à chenilles va être supplanté, dès le milieu des années 1950, par le tracteur classique à deux roues motrices et pneumatiques, engin capable de réaliser une grande partie des travaux demandés. La production des tracteurs à chenilles restera finalement marginale : celle des Aciéries du Nord, par exemple, ne dépassera pas les 20 exemplaires par mois. Trop puissants, les chenillés s'avèrent aussi mal adaptés aux petites et moyennes exploitations. Les bruyantes chenilles en fer abîment les routes et, souvent trop larges et encombrants, ces engins peinent à trouver leur place dans les cours des petites fermes. Et puis il y a un obstacle de taille : leur prix.

Il existe toutefois un important réseau d'entre-aide au sein du monde paysan. Après la grande crise de 1929, le monde agricole est de mieux en mieux structuré. Il s'organise pour défendre ses droits. Des syndicats de battage voient le jour.

Après 1945, la Confédération Générale de l'Agriculture apparaît. Voulue par le ministre socialiste Tanguy-Prigent, la CGA met en place la création de Coopératives d'Utilisation de Matériel Agricoles. Ces CUMA permettent la mise en commun des ressources des agriculteurs qui peuvent ainsi acheter des outils destinés au plus grand nombre.

Cependant, passé l'euphorie (8 000 de ces coopératives sont créées jusqu'en 1949), des dysfonctionnements de gestion apparaissent. La CGA finit par éclater et c'est ensuite la FNSEA (Fédération Nationale des Syndicats d'Exploitants Agricoles) qui prend le relais. Les CUMA sont refondues et un nouvel élan leur est redonné avec le mouvement de la Jeunesse Agricole Catholique qui apporte un peu de sang neuf au monde agricole des années 1950 et 1960.

La Régie nationale propose plusieurs types de roues, y compris des roues métalliques à crampons ou à cornières, un héritage des années d'avant-guerre qui garde la préférence de certains agriculteurs. Pour accroître encore l'adhérence, il existe aussi un curieux bandage nommé « Rotapède » (ci-dessous) sensé doubler l'effort de traction.

Après 1945, malgré les difficultés d'approvisionnement, Renault affiche ses ambitions en se jetant dans la bataille de la production. Le relevage hydraulique s'impose, mais n'est pas toujours proposé sur la gamme de l'après-guerre. À partir de 1960, ce système est dénommé « 3R ».

Ci-dessous : après la guerre, Sift poursuit sa production et bénéficie, à Argenteuil, du hall d'assemblage de l'ex-marque automobile Lorraine. Sift fabrique ainsi le H30 et son original bicylindre diesel à plat faisant corps avec la transmission. Le bloc moteur n'est donc plus sous le capot, mais recule vers les roues arrière – ce recentrage du poids améliore l'adhérence.

Le TD4 est nettement plus massif. Il s'agit d'un modèle né avant la guerre, propulsé par un gros 4-cylindres de presque 6,1 litres de cylindrée, et développant 40 chevaux.

À la recherche du tracteur populaire

Si le tracteur chenillé est une solution à la mise en valeur des terres céréalières des grandes exploitations ou même s'il excelle – plus rarement – dans les domaines viticoles, la moyenne et la petite exploitation vont se tourner vers des tracteurs à roues de facture plus classique.

Le premier Plan de 1947 à 1952 met l'accent sur la production de tracteurs de plus de 25 chevaux. C'est donc pour répondre à cette planification que la plupart des constructeurs français proposent des tracteurs de 30 chevaux ou plus.

Renault ayant été nationalisée en 1945, la nouvelle Régie nationale montre l'exemple avec une gamme moderne qui répond parfaitement aux attentes de la planification. Le tracteur Renault de la Libération produit en série est le 304 E (après un éphémère 304 H). Il est très rapidement lancé puisque le premier de ces tracteurs orange apparaît à la fin de l'année 1944.

Il est motorisé par un quatre-cylindres « maison », le fameux type « 85 » (développant à l'origine 30 chevaux), un quatre-cylindres à soupapes latérales éprouvé (véritable moteur

Ce tracteur Renault est doté de voies larges grâce à des moyeux élargisseurs qui les portent de 1,10 m à 2,10 m.

Les 7012 (avec relevage hydraulique) et les 7013 (sans relevage hydraulique) sont les déclinaisons diesel des nouveaux Renault lancés dès 1949. Ils existent en voie large et en version vigneron. Le catalogue propose également un modèle léger (accusant environ 350 kg de moins) disponible lui aussi en versions large ou vigneron.

Caractéristiques PRINCIPALES

Renault R 7012 et 7013
1951-1955

Moteur :
Perkins P4, 4-cylindres en ligne diesel refroidi par eau

Cylindrée :
3 140 cm^3

Alésage x course :
88,9 x 127 mm

Puissance :
37 ch à 1 600 tr/min

Transmission :
boîte de vitesses à 4 rapports et une marche arrière

Châssis :
châssis moteur monobloc

Freinage :
à bande

Poids total :
2,05 t

à tout faire chez Renault après la guerre puisqu'on le retrouve sur la voiture Juvaquatre, les camionnettes « 1 000 kg » et même sur des camions de plus fort tonnage).
Ce tracteur muni d'une prise de force arrière est rapidement suivi au printemps 1947 par le 3040 (commercialisé en version large ou étroite) puis, à partir de 1948, par le 3041. Celui-ci bénéficie l'année suivante d'un relevage hydraulique (lors des manœuvres, l'outil porté n'est plus relevé mécaniquement mais via un système hydraulique qui facilite grandement le travail de l'agriculteur). Enfin, le 3042 – qui débute sa carrière durant l'été 1949 – a droit à un moteur de 35 chevaux.

Les Renault 3041 sont incontestablement les tracteurs français du renouveau : 7 500 exemplaires sont produits en un an et demi tandis que le 3042, assemblé jusqu'en 1955, sera diffusé à 15 673 exemplaires (avec ses dérivés 3043, 3044 et 3045, construits à presque 21 000 exemplaires supplémentaires). On est loin de la petite série. Il faut tout de même dire que la RNUR bénéficie de toute l'attention de l'État, à commencer par de larges subsides…
Si Renault caracole inévitablement en tête des ventes, les besoins sont tels que les autres marques peuvent elles aussi se partager le gâteau. La Société d'Installation de Force et de Traction (SIFT), par exemple, relance avec profit son TD4, un tracteur de 40 chevaux développé avant le conflit.

Ci-contre : Lanz conçoit avant-guerre une lignée de tracteurs routiers non agricoles, les « Eil-Bulldog » avec une cabine ouverte. Surpris dans un cimetière de véhicules de l'armée allemande, en 1944, ce Lanz Bulldog servait pour la traction de remorques sur de courtes distances, ou d'avions sur les aérodromes.

Les robustes Lanz « à boule chaude », au son pétaradant si caractéristique, ont marqué leur époque.

La gamme Lanz évolue après la guerre. Les moteurs à « boule chaude » quittent progressivement le devant de la scène pour des diesel moins « trépidants ».

Chaudes les boules, chaudes !

Impossible d'évoquer les tracteurs de l'immédiat après-guerre sans parler des « boules chaudes » (également nommées « têtes incandescentes » et plus prosaïquement « semi-diesel »). Il s'agit de tracteurs dont les motorisations sont très particulières (et d'ailleurs presque exclusivement cantonnées au monde agricole).
L'idée de départ est de réaliser un moteur simple et économique. Qui dit simple, dit moins de pièces en mouvement, et qui dit économique, dit carburant de qualité moyenne.

La « boule chaude », c'est cette protubérance visible à l'avant. Il s'agit en quelque sorte de la culasse du moteur, le piston étant horizontal dans le sens longitudinal. Pour que le mélange s'enflamme, il faut au préalable chauffer la boule à l'aide d'une flamme. Puis on ouvre le robinet d'alimentation du carburant, avant de lancer le monocylindre en actionnant à la main le volant moteur extérieur. Tout un art !

Les derniers Bulldog disparaissent à l'orée des années 1960, lorsque Lanz est absorbé par l'Américain John Deere.

Malgré les gros pneumatiques, les deux cheminées imposantes du Bulldog évoquent davantage les engins à vapeur du début du siècle. La première évacue les gaz brûlés, alors que la seconde est en réalité une prise d'air haute. Le moteur est un diesel deux-temps relativement simple de conception.

Le moteur deux-temps est considéré, à juste titre, comme un moteur simple mais à haut rendement, moins cher à fabriquer qu'un moteur quatre-temps (nécessairement plus compliqué avec ses soupapes et son ou ses arbres à cames).
Les huiles lourdes sont quant à elles des résidus de raffinage nettement plus simples à produire que des essences. Partant de ce principe, allier moteur deux-temps et « huile lourde » permet indubitablement de réaliser des économies.
C'est certainement ce qui a motivé la vieille firme allemande Lanz de Mannheim lorsqu'elle conçoit après la Première Guerre mondiale le premier tracteur à boule chaude, le Bulldog. Le moteur deux-temps tout en fonte est d'abord horizontal – le haut du moteur est en effet à l'avant – et se termine par une culasse sphérique. Cette culasse, qui n'en est pas vraiment une, n'accueille pas de bougie comme dans une mécanique diesel classique. Le moteur Lanz a en effet besoin d'un système d'allumage car, contrairement à un diesel classique, il n'y a

Le HSCS est un tracteur hongrois, copie locale du Lanz Bulldog. Tout comme Lanz, cette marque exporte ses tracteurs en France. Avec toutefois l'astuce de les proposer, en Hongrie comme en France, sous un nom bien d'cheu nous : « Le Robuste ».

Robustes et économiques, les Bulldog sont en revanche archaïques en ce qui concerne le confort et l'agrément. Aussi doivent-ils s'effacer devant des modèles plus modernes. Beaucoup ont été préservés et restaurés. Celui-ci attend son tour...

pas assez de compression pour provoquer un auto-allumage. Pour ce faire, le diesel classique nécessite des qualités d'usinage particulières : il faut une pompe à injection pour apporter le carburant qui se vaporise dans la chambre de combustion.

Sur les moteurs à boule chaude, la technique est simplifiée mais il faut en revanche chauffer au préalable la « boule » à l'aide d'une lampe à souder ! Une fois portée au rouge, cette « boule » en fonte permet d'enflammer le mélange. Le carburant arrive directement dans la chambre de combustion grâce à un robinet qui règle le débit.

En guise de carburant, ce type de moteur s'accommodait de presque tout ce qui était un tant soi peu visqueux et inflammable : huile de vidange agrémentée de mazout, huiles végétales, gazole et même sa propre huile de lubrification ! Le monocylindre tournait plutôt lentement mais occasionnait des vibrations qui pouvaient mettre à mal les matériels entraînés par les poulies.

En Allemagne, les Lanz Bulldog connaissent un grand succès et sont même largement exportés en Grande-Bretagne et dans les pays du Commonwealth, la firme allemande ayant accordé des licences à l'anglais Clayton & Shuttleworth ou encore à l'australien Kelly & Lewis & Co. En Hongrie, les Lanz sont commercialisés sous le nom HSCS Le Robuste.

Ces tracteurs évoluent lentement, très lentement même et, après la Seconde Guerre mondiale – l'usine ayant finalement assez peu souffert des destructions –, leur production reprend de plus belle. Lanz ne fabrique pas uniquement des Bulldog agricoles : on trouve aussi à son catalogue des engins davantage adaptés à la route, pour la traction de diverses

Le Percheron, c'est la copie française du Lanz, une copie officielle acquise au titre des dommages de guerre, après 1945, et assemblée par Aérocentre. Ce qui n'est pas le cas des SFV, des « boules chaudes » extrapolés du Lanz mais sans licence de la marque allemande. Après la guerre, la France se retrouve avec une nuée de tracteurs semi-diesel : des Bulldog, des SFV, des Percheron et des Robuste !

remorques, avec ou sans cabine fermée, munis parfois de pneus de route, d'une boîte de vitesses à doubleur de gamme et même d'un treuil.

Le Lanz travaille aussi les terres françaises mais sous un autre nom. C'est en effet au titre des dommages de guerre que la société française Aérocentre (qui devient ensuite la CGM) obtient gracieusement la licence de fabrication du tracteur. Elle débute en 1947 avec un modèle de 20/25 chevaux à la poulie, inévitablement animé par un gros moteur deux-temps horizontal. L'engin est dénommé Le Percheron et sera construit jusqu'en 1957.

Ci-dessus : les « boules chaudes à la française » sortent des ateliers de la Société française de matériel agricole et industriel de Vierzon (SFV). Ce tracteur, dit « nez pointu », est un des premiers modèles apparus avant la guerre. Il était alors fourni équipé de roues en fer.

Ci-dessous : un « nez carré » en pleine action, en train de dévoiler ses capacités de traction. Le moteur fume comme une cheminée d'usine.

Ce SFV au travail arbore encore le logo de la marque peint à la main sur la calandre, qui cèdera la place en 1948 à un emblème en relief de type blason.

La fin d'un règne

Quant à Lanz, il abandonne progressivement la boule chaude en 1952, pour des moteurs diesel à injection plus classiques, avant d'être racheté par l'américain John Deere en 1956. La marque disparaît finalement en 1960.

Une autre firme française s'était elle aussi « mise à la boule chaude » mais sans licence cette fois. Il s'agit de la Société française de matériel agricole et industriel de Vierzon qui a simplement copié le Lanz avant la Seconde Guerre mondiale. La SFV revient en force après 1945 avec une gamme proposant un 25/30 chevaux (modèle FV1 puis 302), un 40/45 chevaux (le 402) et l'imposant 551 à moteur de 12,8 litres capable de fournir de 50 à 60 chevaux. Cet engin puissant était le tracteur voué au battage par excellence. La SFV visait indubitablement les grandes exploitations, ce qui fut un avantage déterminant dans les premières années de l'après-guerre, car elle était la seule firme française sur le créneau des grosses puissances.

Les fiers tracteurs de Vierzon auront bien du mal à s'adapter à l'agriculture moderne après 1955 : les moteurs semi-diesel sont d'une fiabilité à toute épreuve, pouvant fonctionner

En matière de tracteur, on évoque volontier leur rusticité. On découvre pourtant combien les moteurs peuvent être variés, et parfois même étonnamment sophistiqués. C'est ainsi que la Manufacture d'Armes de Paris a choisi un bicylindre horizontal à quatre pistons opposés avec deux fois quatre bielles !

Bien connu dans le monde du poids lourd, Willème l'est moins dans celui de l'agriculture. La marque ne construit pas vraiment de tracteurs, mais commet plutôt des bricolages « maison » à partir d'un moteur que l'on adapte à un châssis de tracteur. Peut-être ici celui d'un Vendeuvre ?

BEGUIN
551

Le 551 est, avec le 552 à l'éphémère production, le dernier SFV de grosse puissance. Il est particulièrement conçu pour les très grandes exploitations et la traction de moissonneuses à lame de coupe large. Le moteur, un monocylindre de presque 13 litres de cylindrée (!), est particulièrement impressionnant.

Caractéristiques PRINCIPALES

SFV Vierzon type 551
1951-1957

Moteur :
Vierzon monocylindre horizontal semi-diesel refroidi par thermosiphon

Cylindrée :
12 760 cm^3

Alésage x course :
250 x 260 mm

Puissance :
à la barre : 52 ch
à la poulie : 60 ch
à 650 tr/min

Transmission :
boîte de vitesses à 5 rapports et une marche arrière

Châssis :
châssis moteur monobloc

Freinage :
à tambour Bendix indépendant sur les roues arrière

Poids total :
3, 30 t

Il n'y a pas que les tracteurs américains ou allemands qui pénètrent le territoire français. Les Britanniques sont eux-aussi de la partie, tel David Brown. Ce dernier est plus connu sous ses initiales – DB – ; l'homme qui rachète Aston Martin et sera à l'origine de la mythique DB 7, la voiture de James Bond !

avec presque n'importe quel extrait d'huile ou de pétrole, mais ils sont lourds et plutôt archaïques. Avant la fin de la décennie 1950, les ventes de la SFV fondront comme neige au soleil.

De son côté, le constructeur britannique Marshall Sons & Co lance en 1947 un tracteur de grande puissance, le Field Marshall série II (Field Marshall – « maréchal de campagne » en français – est un nom générique choisi en l'honneur du maréchal anglais Montgomery, héros d'El-Alamein et de la campagne de Normandie), un imposant tracteur mû par un monocylindre diesel de 40 chevaux.
Ce pur produit « british », perçu comme la Rolls-Royce des tracteurs, va connaître en France un succès légitime mais assez inattendu. Environ 50 % des Field Marshall exportés par l'Angleterre sont acquis par de gros exploitants français qui apprécient sa souplesse, sa robustesse et son endurance, des atouts très recherchés pour actionner les batteuses.

Cet éclaté est celui d'un beau tracteur anglais, le Field Marshall III du milieu de l'année 1949. La firme Marshall s'annexe le terme « Field » après la guerre (Field Marshall signifiant « maréchal de campagne »), pour honorer le maréchal Montgomery, le héros d'El-Alamein, et donner par contrecoup une certaine allure à ses productions.

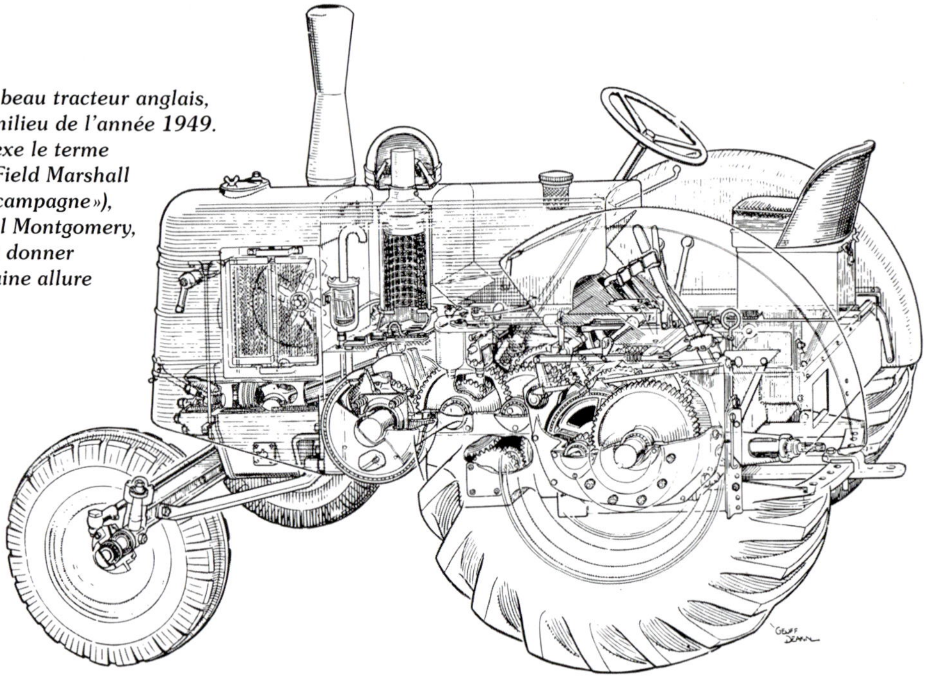

Les Vendeuvre français connaissent une ascension fulgurante. À partir des années 1960, la firme s'associe à Allis-Chalmers car, comme beaucoup de constructeurs, Vendeuvre n'a pas vraiment les moyens de consentir les lourds investissements nécessaires au renouvèlement des gammes.

C'est en 1952 que, après avoir réalisé des moteurs industriels, Vendeuvre se lance dans le tracteur, parvenant à concevoir une gamme complète : monocylindres, bicylindres et même tricylindres refroidis par air ou par eau.

À partir de 1949, la série III se distingue par un meilleur équipement (freinage et confort sont améliorés, l'éclairage est de série), une boîte de vitesses avec doubleur de gamme (six rapports au total), et un sens de rotation du moteur inversé. La puissance passe à 45 chevaux. Ces engins sont diffusés dans l'Hexagone par la SEDIM qui œuvra beaucoup à la diffusion de ces magnifiques tracteurs agricoles. Les derniers exemplaires sont commercialisés jusqu'au tout début des années 1960.

La Manufacture d'Armes de Paris, qui produit des tracteurs avec Latil dès 1936, lance en 1947 le DR 3 de 30 chevaux, un tracteur à moteur diesel deux-temps pour le moins original. Il s'agit d'un bicylindre horizontal et transversal, avec quatre pistons travaillant à plat mais avec des têtes de pistons se faisant face. Il n'y a donc pas de culasse !

La carrière des productions MAP ne durera pas puisque c'est la Someca, filiale de Fiat, qui rachète la licence, vend le moteur à Mécavia et greffe son propre diesel sur un châssis MAP pour donner naissance à son tout premier tracteur, le DA 50 de 1955.

Enfin, la firme Vendeuvre connaît au début des années 1950 un démarrage sur les chapeaux de roues. Si Vendeuvre est née à Vendeuvre-sur-Barse dans l'Aube où elle réalise des matériels agricoles, c'est à Dieppe, en Seine-Maritime, qu'elle construit des moteurs industriels. Contrairement aux autres marques déjà citées, Vendeuvre ne vient que tardivement au tracteur, puisque les premières séries ne sortent de l'usine normande qu'en 1952.

Ce tracteur Allis-Chalmers row-crop («plant en ligne»), engin typiquement américain avec ses roues avant jumelées à voie étroite, est un pur produit de l'aide Marshall. Dans les faits, la configuration row-crop dégage la vue vers l'avant de manière à éviter de rouler sur les plants. Cette formule n'a jamais eu la faveur du monde agricole français.

Dans la série «on a tout essayé pour réaliser un petit tracteur», voici le Tractavia. Ce tricycle à moteur Citroën est à l'origine destiné à tirer les avions de l'Armée de l'Air. Produit par Aérocentre, il vit une seconde jeunesse dans les applications agricoles légères (maraîchage, fauchage, etc.).

À cette époque, le temps n'est plus uniquement au tracteur de forte puissance et Vendeuvre va intelligemment miser sur une gamme très large, à moteurs mono, bi ou tricylindre refroidis par air : le BB, quoique développant 17 chevaux, est parfaitement adapté aux petites exploitations. Les Vendeuvre, il y en a pour tous les goûts : les BL et BM offrent respectivement 25 et 28 chevaux, le MD 44 atteint 34 chevaux et le GG atteint les 55 chevaux.

À partir de 1953, toute la gamme est dénommée Super (Super BB, Super BL, etc.) et monte en puissance. Elle s'étire aussi vers le bas avec un modèle AS monocylindre de 17 chevaux et en haut avec un nouveau Super GG 70 avec un quatre-cylindres de 70 chevaux. Les tracteurs Vendeuvre bénéficient aussi de boîtes de vitesses à 6 rapports avec deux marches arrière.

Si la production frôle pour 1956 les 5 100 exemplaires, très loin derrière Renault, Vendeuvre est tout de même le deuxième constructeur français, les places du peloton de tête étant trustées par des marques américaines.

Allis-Chalmers s'intéresse au petit tracteur type vigneron avec le GV, un engin à moteur arrière Continental de 12 chevaux. Les outils aratoires étant portés sous le châssis, la visibilité vers l'avant est excellente. On remarque le contrepoids en forme de V à l'avant.

La Jeep agricole est une tentative de Willys de reconvertir à peu de frais le 4x4 mythique. L'engin ne rencontre qu'un succès d'estime alors que, paradoxalement, il n'est pas rare, en France, que les Jeep des surplus américains soient utilisées dans les fermes.

Quand la politique s'en mêle

Le GI américain qui débarque en 1944 se déplace avec un curieux engin tout-terrain agile et indestructible, la Jeep (le nom est même passé dans le dictionnaire). Ce 4x4 purement militaire, fabriqué à des centaines de milliers d'exemplaires, connaîtra une longue histoire sous l'uniforme, avant d'être décliné en des versions plus pacifiques, dédiées au travail des champs. Une jeep en guise de tracteur ? Pourquoi pas. La jeep passe à peu près partout, est puissante, robuste, relativement économique et surtout, en ces temps de pénurie, disponible.

Le constructeur américain Willys tente même dès 1944 de se reconvertir en proposant des jeeps civiles, les CJ pour « Civilian Jeep », adaptées au monde agricole, aux exploitants forestiers, etc. Tout aussi austères que les modèles sous l'uniforme, les CJ 1, aussi baptisées Agrijeep, sont toutefois handicapées par une largeur de voie et une garde au sol insuffisantes, ce qui limite leur utilisation ou du moins les cantonnent à des activités sur route. La gamme ne convainc pas grand monde en Europe.

L'Unimog de Mercedes-Benz a été conçu comme un engin multi-usages capable de travailler la terre. C'est cette application que mettent en avant la plupart des prospectus diffusés au début de la carrière du célèbre 4x4.

FIELD -
MARSHALL

De conception britannique, le Field Marshall série III, avec son caractéristique filtre à air en forme de dôme, est un bel engin taillé pour mettre en action des batteuses. À la suite du vert ehaussé de filets argentés, du plus bel effet, le coloris orange apparaît en 1954 sur la série IIIA, légèrement plus puissante. Le moteur est un diesel remontant à la série M d'avant-guerre. Il compte 66 pièces seulement, contre 195 en moyenne pour un moteur à essence équivalent; abondance qui, aux dires de la publicité Field Marshall, est source de pannes...

Caractéristiques PRINCIPALES

Field Marshall série III
1949-1956

Moteur :
Marshall monocylindre horizontal diesel refroidi par eau

Cylindrée :
4 800 cm^3

Alésage x course :
168 x 228,6 mm

Puissance :
à la barre : 40 ch
à 750 tr/min

Transmission :
boîte de vitesses à 6 rapports et 2 marches arrière

Châssis :
châssis moteur monobloc

Suspensions :
sans

Freinage :
à bandes en bain d'huile sur réducteur

Poids total :
2,95 t

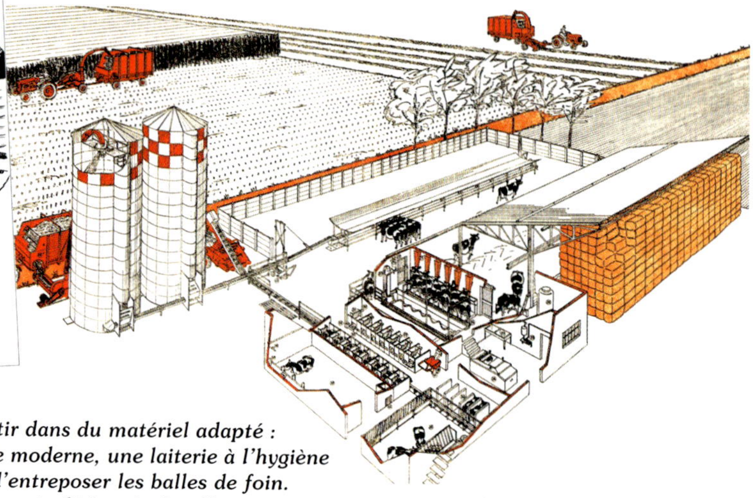

L'agriculteur des temps modernes sait investir dans du matériel adapté : des silos pour stocker le fourrage, une étable moderne, une laiterie à l'hygiène irréprochable et des structures permettant d'entreposer les balles de foin. En cas de coup dur, il peut compter sur une mutualité agricole efficace.

À l'inverse, les Américains vont réussir un coup de maître avec des petits tracteurs populaires, simples, manœuvrants et accessibles au portefeuille : ce sont les « baby tractors » qui vont mécaniser les campagnes françaises.

En France, peu de monde croyait à ces petits tracteurs légers, à commencer par les planificateurs de l'agriculture nouvelle. Il faut dire que, jusqu'en 1947, les communistes sont partiellement au pouvoir et ceux-ci ont une vision très « socialiste » de l'agriculture. Partisans des grandes exploitations calquées sur le modèle soviétique, ils entendent bien privilégier la production nationale ou, du moins, ne souhaitent pas que les produits américains viennent inonder le marché.

Le socialiste François Tanguy-Prigent, ministre de l'Agriculture de 1944 à 1947, est lui aussi partisan d'une politique interventionniste, mais il doit encourager la modernisation du parc de machines agricoles. Il maintient avec courage cette stratégie d'investissements face à une opinion publique hostile qui réclame une résolution immédiate de la pénurie.

La France est, entre 1945 et 1955, composée de 75 % de petites et très petites exploitations (de 3 à 15, voire 20 hectares). Pour ces exploitations familiales, l'acquisition d'un tracteur lourd n'est tout simplement pas rentable. En attendant le remembrement, en attendant la constitution de grandes fermes modèles productives, véritables entreprises individuelles, il faut nécessairement proposer une alternative à des agriculteurs qui souhaitent se moderniser. Il existe certes des engins de motoculture parfaitement au point (la France en produira des milliers de marques Bouyer, Labor, Mabec ou Somua) mais la question qui revient régulièrement dans la presse spécialisée de l'après-guerre est toujours la même : « la motorisation de la petite exploitation est-elle rentable ? ». Alors, chacun y va de son argument technique, mêlant puissance de traction, poids du tracteur et puissance réelle, profondeur du labour, prix du carburant, coût de la journée de travail…

Une fois le problème posé, sa résolution aboutit le plus souvent à ce constat : le tracteur est

Si la moissonneuse-batteuse n'est pas encore automotrice, la version tractée autorise quand même plus d'efficacité lors des moissons.

L'exploitant de l'après-guerre se doit d'acquérir un savoir technique d'un nouveau genre, et être en mesure de définir les types de matériel dont il a besoin. À cette fin, l'État et les constructeurs diffusent des brochures permettant de comprendre les performances d'un tracteur.

indispensable s'il est polyvalent – donc muni de pneumatiques pour pouvoir se déplacer sur des routes –, s'il donne une puissance au moins égale à celle des animaux de trait qu'il remplace, s'il permet de gagner du temps (les période d'alimentation en avoine ou en fourrage sont supprimées, tout comme le temps passé à harnacher les bêtes) et s'il permet de travailler plus longtemps. De savants calculs permettent ainsi de déterminer qu'il faut alors, pour une petite exploitation, un tracteur de 9 à 12 chevaux, en remplacement de trois chevaux. Un tel engin permet en effet de labourer à l'aide d'une charrue monosoc à la profondeur de 35 cm et à la vitesse de 2 800 mètres/heure tout en assurant la traction sur route d'une remorque de 3 t et l'entraînement de divers matériels grâce à des prises de force ou des poulies.

Le hic, c'est qu'en France, il n'existe pas vraiment de tracteurs répondant à un tel cahier des charges. Ce sera donc vers les marques américaines que se tourneront les petits exploitants, plus enclins à l'acquisition privée qu'à participer aux coopératives voulues par l'État. Rappelons en effet que ces coopératives crées via les CUMA laissaient peu de place à l'initiative privée, au rebours des valeurs de nombreux agriculteurs, attachés à leur travail et à la notion de propriété.

Pour les très petites exploitations, d'autres machines de faible puissance suffisent : on parle de motoculture, terme cependant inapproprié car désignant en vérité l'ensemble de tous les procédés motorisés voués à la mise en valeur des terres. Quoiqu'il en soit, de nombreuses marques françaises proposent leurs petits engins supportés manuellement : Labor, Patissier, Soberfon, Somua, Staub, etc.

La France prend de la hauteur et se rapproche du pays de l'Oncle Sam grâce au Lockheed Super Constellation qui relie Paris à New York à partir de 1948. C'est dans l'un d'eux que le boxeur français Marcel Cerdan trouve la mort en octobre 1949.

Les tracteurs de l'Oncle Sam

Après 1949, le monde n'en finit pas de bouger. Certes, les deux blocs tentent de maintenir leur influence sur leur zone de contrôle, mais la Chine communiste de Mao Zedong s'étend à tout le pays à la fin de 1949. À peine né, l'État d'Israël entre en guerre avec ses voisins arabes.

La France, pourtant engagée dans le conflit indochinois, veut des lendemains qui chantent. Édith Piaf vient de terminer *La Vie en rose*. Simone Signoret et Yves Montand font de Saint-Paul-de-Vence un village à la mode. Boris Vian est condamné pour outrages aux bonnes mœurs en 1950 pour avoir publié *J'irais cracher sur vos tombes*. Le pays se modernise, mais les mœurs évoluent tout de même plus doucement.

On veut aussi du sport ! Cela tombe bien. Le boxeur français Marcel Cerdan est la coqueluche des lecteurs de *L'Équipe*. Hélas, le « bombardier marocain » est battu par Jack LaMotta en juin 1949. En octobre, il attend sa revanche. Mais le destin en décide autrement. Cerdan disparaît tragiquement dans le Lockheed Constellation d'Air France qui l'emmène aux États-Unis.

Les États-Unis justement, une nation qui fait rêver bien des Français. Car la France de la fin des années 1940 et du début des années 1950 oscille sans cesse entre admiration et répulsion vis-à-vis de ce pays. Admiration parce que les Français sont naturellement redevables à leur libérateur. On envie l'abondance de leur armée qui se déplace non seulement avec une nuée de véhicules mais aussi avec des tablettes de chocolat, des pâtes de fruit, des pêches en conserves, des cigarettes blondes, du chewing-gum et des boissons gazeuses. Après 1945, les États-Unis sont aussi le continent des

Mi-voiture, mi-camionnette, la Renault Prairie reprend un concept automobile très en vogue dans les campagnes américaines. En France cependant, les fermiers aisés pour lesquels elle a été conçue s'en détournent vite. La Prairie est un échec. Peut-être parce qu'elle innove trop, avec ses 6/7 places et ses 800 kg de charge utile, ou peut-être victime de son moteur (le fameux « 85 » que l'on retrouvera sur les tracteurs Renault) qui est un peu à la peine.

C'est nouveau et c'est beau. Natène, Grosfillex, Celamine, Formica, Plastifeutre ou Dalflex : l'industrie du synthétique se développe très rapidement à l'issue de la Seconde Guerre mondiale.

nouveaux textiles synthétiques, des voitures éblouissantes, des maisons préfabriquées toutes équipées de salles d'eau et de cuisines intégrées. Bref, « c'est l'Amérique ! ».

En même temps, le parti communiste français se targue d'être le premier parti de France avec entre 5 et 5,2 millions de voix lors des élections et revendique 800 à 900 000 adhérents en 1946. La politique du PCF est à cette époque directement calquée sur celle de l'Union Soviétique et fortement anticapitaliste. Par essence, elle est donc anti-américaine. L'année 1947 est marquée par d'importantes grèves mais aussi par la révocation des ministres communistes du gouvernement.

C'est aussi durant cette même année que le Plan Marshall est mis sur pied. Il s'agit normalement d'un crédit mais la grosse majorité de l'aide américaine se fera sous forme de dons. Après la Grande-Bretagne, la France est le deuxième pays bénéficiaire de ce plan.

La majorité de cette aide concerne directement l'agriculture puisqu'elle vise avant tout l'agroalimentaire, dans des proportions de 30 à 35 %, et dans une moindre mesure les constructions mécaniques et les véhicules, essentiellement des tracteurs (environ 15 %).

En acceptant cette aide, en se lançant en Indochine dans une lutte antiguérilla mais aussi anticommuniste, la France rejoint ainsi le camp occidental, le bloc de l'Ouest, par opposition au bloc de l'Est d'obédience soviétique.

En 1947, des grèves secouent le pays. C'est que la situation est pire qu'en 1944 ! La femme, qui a le droit de vote depuis deux ans, n'hésite pas à monter au créneau pour réclamer la réouverture des boucheries.

Cette publicité date de 1943. Mais elle est américaine. Il faudra encore attendre près de deux décennies pour que la France adopte des méthodes de distribution semblables à celles de la firme Swift, un des pionniers de l'agroalimentaire aux États-Unis.

Farmall : le nom évoque en France des tracteurs tout de rouge vêtus, largement importés puis produits sur le sol national. Voici un Farmall C, en version row-crop. Le C commence sa carrière aux États-Unis en 1948, faisant sensation avec son relevage hydraulique qui fonctionne même à l'arrêt. Cette technologie apporte à l'époque un véritable avantage en permettant de mieux contrôler le terrage de l'outil aratoire, le tout avec la facilité que procure le système Touch Control tenant en deux simples leviers.

Le système Culti-vision permet que les outils soient portés sous le châssis, vers l'avant, ceux-ci étant donc visibles par le conducteur. D'où l'appellation commerciale. Ce dispositif est adaptable à la majorité des tracteurs Farmall de par leur importante garde au sol.

International Harvester va populariser sa nouvelle gamme de tracteurs – ceux des séries A – introduite avant la guerre aux États-Unis. Le Farmall A n'est pas un gros tracteur : avec son ensemble capot-moteur déporté sur la gauche, le Farmall A permet au chauffeur de voir parfaitement devant lui. Ce système, baptisé Culti-vision, est un net avantage lorsque l'engin évolue muni d'outils sous le châssis. On notera que les outils comme la faucheuse, placée sous le châssis, permettait au tracteur de conserver la barre d'attelage afin de tracter par exemple une remorque.

Le tracteur devient décidemment de plus en plus polyvalent. Avec sa puissance de 16 chevaux à la barre et de 18 chevaux à la poulie, son poids à vide de 950 kg, le Farmall A est bien adapté aux exploitations de 15 à 20 ha. International Harvester va faire encore plus léger avec une sorte de modèle A en réduction et simplifié, le Cub. Avouant un peu plus de 500 kg sur la balance, le Cub n'a droit qu'à un moteur quatre-cylindres essence à soupapes latérales et est dépourvu de toute option

Le Cub est un petit tracteur parfaitement adapté aux petites exploitations françaises. Compact, facile à mettre en œuvre, il ne délivre que 10 chevaux mais il peut facilement porter ou tirer de nombreux outils.

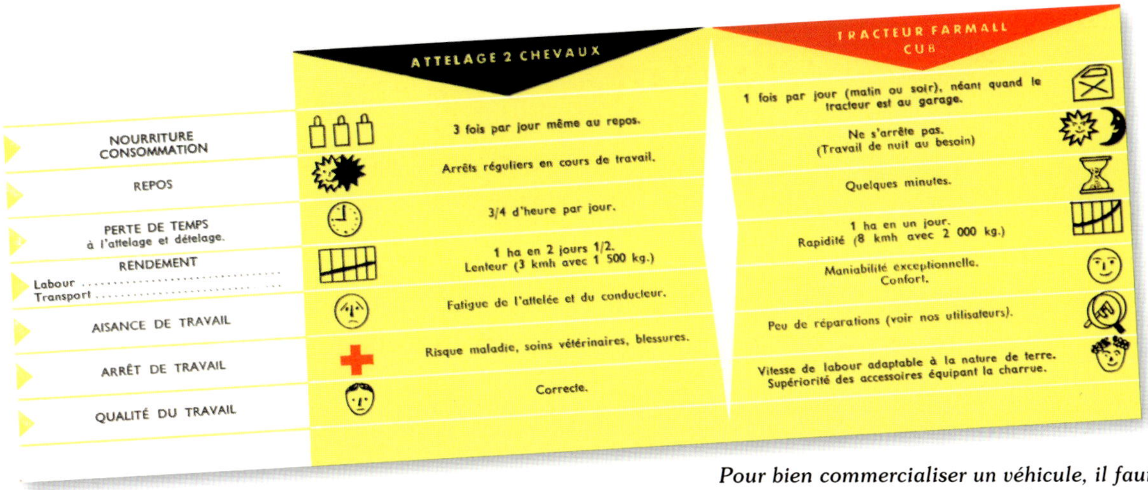

Pour bien commercialiser un véhicule, il faut d'abord convaincre... Ici sont exposés tous les avantages du Cub face à la traction animale. C'est évidemment le petit tracteur qui l'emporte haut la main !

(éclairage, prise de force, poulie, relevage hydraulique…). Malgré son poids léger qui peut être un obstacle pour obtenir de l'adhérence, il va remporter un joli succès en France lorsqu'il est importé de 1949 à 1955 (4 500 exemplaires).

Le Cub et ses dérivés sont commercialisés avec des outils réalisés spécifiquement par International Harvester pour ce petit tracteur dont le gabarit lui permet de se faufiler partout et de travailler des parcelles éparpillées ou de formes parfois un peu torturées, comme il en existe tant avant les grands remembrements. On peut sans aucun doute dire qu'il permet de motoriser définitivement les petites exploitations françaises.

La CIMA produit à Saint-Diziers les Farmall français auxquels elle apporte quelques équipements spécifiques. C'est le cas du Cub, à partir de 1955.

La production est ensuite transférée aux usines CIMA de Saint-Dizier qui « francisent » les tracteurs IH et assemblent le Super Cub (un Cub un peu plus puissant) jusque vers 1963. Car les entreprises américaines ne se contentent pas uniquement d'exporter leur production, comme elles le font depuis longtemps déjà. Elles s'installent en France à travers des importateurs exclusifs qui s'apparentent finalement à des filiales.

Le Cub reste un petit tracteur mais il est d'une relative hauteur, grâce à la transmission par pignons superposés qui accroît la garde au sol.

McCORMICK-DEERING
MADE IN U.S.A. INTERNATIONAL HARVESTER COMPANY CHICAGO U.S.A.
STANDARD
W·4
GOODYEAR

Ce McCormick-Derring est la version Standard du Farmall H.
Il est moins haut et doté d'une voie avant large et d'ailes arrière.
C'est un engin trapus qui est commercialisé aux États-Unis
dès 1940 mais qui n'est importé en France qu'à partir de 1946.

Caractéristiques PRINCIPALES

McCormick-Deering W4
1939-1952

Moteur :
International Harvester C-152
essence (ou distillat) 4-cylindres
en ligne refroidi par eau

Cylindrée :
2 490 cm^3

Alésage x course :
87,7 x 107,95 mm

Puissance :
à la barre : 24 ch
à la poulie : 22 ch
à 1 650 tr/min

Transmission :
boîte de vitesses à 5 rapports
et une marche arrière

Châssis :
châssis moteur monobloc

Freinage :
à ceinture sur tambour

Poids total :
1,46 t

On sait qu'International diffuse deux marques distinctes, McCormick et Deering, mais après la guerre, avec la standardisation des modèles, il est décidé de fusionner les deux marques en une seule entité, IH. En France, il n'y a désormais plus qu'un seul importateur, la CIMA (Compagnie Internationale de Machines Agricoles), née en 1948, qui se lance à son tour dans la construction de tracteurs IH. La CIMA dispose de ses propres fonderies et importe des moteurs de la filiale allemande d'International Harvester. Au milieu des années 1960, le réseau de concessionnaires s'est largement étoffé et une gamme purement européenne va naître. Le Cub a toutefois un rude concurrent, lui aussi nord-américain.

Le Pony du Canadien Massey-Harris compte également parmi les tracteurs nord-américains les plus diffusés en France. Un peu plus lourd que le Cub, il revendique 15 chevaux. Les premiers exemplaires américains (ci-dessous) ont un châssis porteur qui disparaîtra lorsque le tracteur sera produit en France avec différents moteurs.

Un petit cheval de trait

Baptisé le « Pony » et provenant à l'origine des usines canadiennes, ce « baby tractor » est lui aussi taillé pour la petite exploitation. Massey-Harris est depuis le début du XXe siècle un important producteur de machines agricoles. C'est pour diffuser ses produits qu'une usine sort de terre en 1926 à Marquette-lez-Lille, dans le nord de la France.

Comme le Farmall Cub, le Pony a avant tout été conçu pour les fermes nord-américaines de petite taille (celles de 15 hectares et moins sont tout de même près de 3 millions aux États-Unis, ce qui laisse entrevoir un marché prometteur pour les constructeurs). Il traverse lui aussi l'océan Atlantique en 1948, à raison de 2 400 exemplaires. D'abord baptisé type 11, ces premiers Pony sont animés par un moteur Continental à soupapes latérales de 12 chevaux et optent pour un châssis porteur en fonte. Importé au titre du plan Marshall, le Pony est par la suite directement fabriqué en France, à partir de 1951.

Contrairement au Farmall Cub qui conserve ses principaux organes d'origine américaine, le tracteur Massey-Harris conçu pour l'Hexagone est, lui, assez différent de son frère canadien. Il est en effet motorisé par un quatre-cylindres essence français, en l'occurrence celui de la voiture Simca 8. Avec ses soupapes culbutées et sa nervosité (il atteint les 15 chevaux), le Pony 811 est plus séduisant que l'antique 11 à soupapes latérales.

Mais ce moteur a beau être en fonte – quoique la culasse soit en aluminium – il n'est pas assez résistant pour former un bloc compact avec la transmission et former une structure porteuse. Le Pony est donc doté d'un cadre de châssis pour supporter toute la mécanique et la transmission, alors que le moteur est désormais celui de la Simca 9 Aronde ou de la Peugeot 203 à partir de 1956, donnant ainsi naissance au Pony 812.

Le Pony français est le 811. Avec ses 15 chevaux, il est considéré à juste titre comme l'un des plus puissants de sa catégorie. Il est suivi des modèles 812 et 820.

Le Pony connaît un grand succès surtout parce qu'on peut lui adapter de nombreux outils spécialement conçus pour son gabarit.

Pour le reste, le Pony est traité comme le Cub, avec des modèles de base dépourvus de tout accessoire, y compris l'éclairage, le relevage mécanique ou la prise de force. Le Pony fut toutefois un succès. L'évolution de ce petit tracteur est calquée sur celle du Farmall Cub puisque lui aussi cesse d'être produit dans la première moitié des années 1960.
La dernière évolution majeure se concrétise sous la forme du Pony 820 de 1957. Cette fois, le petit tracteur est nettement modernisé avec l'adoption d'une transmission Unimatic et d'une boîte à cinq rapports couplée à un relevage hydraulique. À partir de 1958, le gazole est disponible avec des versions à moteur Hanomag de 18 chevaux.
Ne pouvant réellement concurrencer le Cub et le Pony, les grands constructeurs français vont finalement abandonner la production des engins de petites puissances à quelques spécialistes qui sont déjà implantés dans la motoculture.
La firme Sabatier est ainsi l'une des rares firmes françaises qui va traverser l'avant-guerre et l'après-guerre avec un unique tracteur dénommé Le Pratique, un engin de petite taille qui opte pour des moteurs Citroën après 1945. Les Le Pratique restent toutefois cantonnés aux travaux légers des très petites exploitations, aux vignes, aux maraîchages ou aux vergers. Il n'empêche que les gammes sont commercialisées de 1922 à 1969.

Sur ce Pony 812, on note des masses supplémentaires fixées sur les voiles de roue. Le Pony n'a pas de garde-boue mais des bavolets qui protègent le poste de conduite.

En France, on hésite encore entre le tracteur à chenilles, le tracteur à deux essieux et l'engin tricycle. Cette dernière configuration est celle du Bugaud, pour le moins original, sinon insolite, avec ses trois roues motrices.

Les entreprises Sabatier s'installent à Puteaux en 1945. Elles commercialisent, depuis la fin des années 1920, le tracteur Le Pratique à moteur Citroën. La machine est petite, mais bien conçue et régulièrement remise à niveau. Ce Le Pratique est d'ailleurs assemblé jusqu'en 1969.

D'autres productions de petits tracteurs fabriqués en France sont pour le moins originales. Ainsi le tracteur Bugaud, mis au point par Louis Bugaud avant la guerre et amélioré en 1943. Ce tracteur possède trois roues motrices et directrices, deux à l'avant et une, plus petite, à l'arrière. Le moteur présente la particularité d'être un monocylindre Essensuil (« essence huile », en fait la traduction littérale de l'anglais « gas oil ») de type polycarburant. C'est-à-dire qu'il fonctionne indifféremment avec du gazole, des huiles de goudron ou même du gaz.
La production du Bugaud perdure après le conflit et, avec ses 11 chevaux à la barre, il peut prétendre constituer une concurrence pour les « baby tractors » américains malgré ses presque 1 500 kg et sa garde au sol plus limitée. Il est de fait proposé avec une prise de force à l'arrière et deux poulies de battage, et il a même droit à un relevage hydraulique et à des voies variables
Mais sa production va rester limitée. Le moteur demande un entretien fréquent et, faute d'améliorations, le Bugaud B43 cesse d'être fabriqué en 1954, après qu'une centaine d'exemplaires a été assemblé. Cent exemplaires en dix ans, c'est effectivement bien peu…

Car voilà bien le problème de l'industrie du tracteur français des années 1940 et 1950 : les idées ne manquent pas, mais la production se fait souvent au compte-gouttes. Les machines-outils sont peu performantes pour assurer la grande série et des modèles nés avant la Seconde Guerre mondiale reprennent du service jusqu'au milieu des *fifties*, sans grande modification.

Le troisième larron

Le tracteur Arnoux VM est spécialement adapté à la culture des vignes. Sa ligne est plutôt élégante avec ses phares protégés derrière une calandre aux formes arrondies. Arnoux produira de tels engins jusqu'au milieu des années 1960.

La trilogie des petits tracteurs « made in USA » ne serait pas complète sans l'évocation du Ferguson. D'abord parce qu'il a longtemps été le tracteur le plus diffusé en France, ensuite parce que son succès a engendré un grand nombre de copies en tout genre. Le Ferguson n'est pas vraiment un « baby tractor » comme le Farmall Cub ou le Pony. Il est un peu plus puissant et convient mieux à la petite et moyenne exploitation, plutôt qu'à la très petite exploitation cherchant à se mécaniser.

Revenons tout d'abord sur Harry Ferguson, personnage ô combien historique dans le monde agricole. Harry Ferguson est irlandais. Après avoir migré aux États-Unis avant la Seconde Guerre mondiale, il réalise de nombreuses machines agricoles et introduit le concept de la charrue portée reliée par deux bras au carter du pont. Ce système est baptisé Duplex Hitch et fait l'objet d'un brevet. Ferguson poursuit ses recherches et met au point un système de relevage hydraulique « trois points » bien plus pratique et efficace.

On parle en effet de relevage « trois points » car au lieu de deux bras reliant l'outil porté au tracteur, on en trouve trois : deux parallèles dans la partie basse et un bras supérieur. Si les bras inférieurs servaient uniquement à la traction de l'outil aratoire, le bras supérieur était contrôlé hydrauliquement. Il permettait de relever sans effort l'outil lors des déplacements et de choisir la profondeur de travail des socs de la charrue de façon précise. En outre, le plus grand avantage du système était que, lors du labourage proprement dit, la pression

La mise en service de nouveaux tracteurs se fait parallèlement à l'introduction d'un matériel de plus en plus sophistiqué, ou tout au moins adapté à chaque classe d'engins. Voici une bineuse semi-portée Puzenat de 1952. Les outils sont fixés à des axes et non plus le long d'un parallélogramme.

Ce Ferguson fait une démonstration de labour avec une charrue bisoc portée. On entrevoit le relevage hydraulique qui a fait la fortune de la marque. On remarque aussi la taille réduite de l'engin, et sa faible garde au sol lorsqu'on la compare, par exemple, à celle d'un Farmall.

exercée au point d'attache supérieure augmentait l'adhérence des roues motrices et du tracteur tout entier, annulant ainsi l'effet de cabrage de celui-ci. Le travail de la terre était ainsi amélioré, de même que la sécurité et le confort du conducteur.

Le système Ferguson intéresse vivement Henry Ford : les deux hommes se rencontrent en 1938. Le destin de Ford et de Ferguson est scellé par une poignée de main historique autour d'une table, le « hand shake agreement » : les tracteurs Ford récupèrent le système de Ferguson qui, en retour, est autorisé à commercialiser des tracteurs Ford 9N et 2N.

Si l'on excepte le Black Tractor, premier prototype de 1933, les tracteurs Ferguson sont peints en gris. Il s'agit là d'une machine d'avant-guerre équipée d'un moteur Brown. Bien qu'abordable (224 £), cette gamme est concurrencée par le Fordson vendu en Angleterre 140 £. Le Ferguson se vend peu. Mais Ferguson connaît le succès en 1938, lorsqu'il négocie son procédé de relevage hydraulique à Ford qui en aura l'exclusivité.

Caractéristiques PRINCIPALES

Ferguson TEA-20
1947-1956

Moteur :
Standard 80 (85*),
4-cylindres en ligne essence
refroidi par eau

Cylindrée :
1 849 cm³ (2 088 cm³*)

Alésage x course :
80 x 92 mm (85 x 92 mm*)

Puissance :
à la barre : 24 ch
à la poulie : 20,7 ch
à 1 650 tr/min
(28,2 ch à 1 700 tr/min*)

Transmission :
boîte de vitesses à 4 rapports
et une marche arrière

Châssis :
châssis moteur monobloc

Freinage :
à tambour sur l'essieu arrière

Poids total :
1,13 t

**À partir de 1951*

Le Ferguson TEA-20 est d'abord produit en Grande-Bretagne et importé dans l'Hexagone, avant d'être fabriqué directement sur notre sol. Les tout premiers exemplaires de 1946 à 1948 sont simplement baptisés TE-20 (pour « Tractor England ») et sont animés par un moteur américain Continental. Le TO-20 est la version exportation (« O » signifiant « Overseas »), essentiellement destinée aux États-Unis.

À partir du printemps 1957, le Ferguson FF 30 français est assemblé dans l'usine Hotchkiss de Saint-Denis. Il diffère sensiblement de son homologue britannique.

La couleur grise avec un ensemble moteur-boîte et pont peint en rouge est une spécificité des Ferguson fabriqués en France.

Mais coup de théâtre en 1946 : le fils d'Henry Ford – Henry Ford II – décide de mettre un terme à cette association ! Ferguson ne peut donc plus produire de tracteurs Ford, alors que ceux-ci conservent le relevage hydraulique ! L'Américain avait toutefois pressenti le danger et prospecté en Grande-Bretagne afin de diffuser des tracteurs Ferguson ex-Ford via la société britannique Standard Motor. Il obtient un accord du gouvernement anglais et peut entreprendre de produire ses tracteurs à Coventry.

Ceux-ci sont calqués sur le Ford 9N mais ils en diffèrent finalement par de nombreux aspects. Le capot bascule vers l'avant et présente une calandre en V avec des barres horizontales. La transmission est « made in England », tout comme les freins. Le moteur est un Continental à soupapes en tête de 24 chevaux, puis un moteur anglais Standard. Le tracteur est commercialisé sous l'appellation TE-20 (Tractor England, 20 chevaux).

Entièrement peints en gris, ces « Little Grey » ou « Petits Gris » en France sont suivis début 1948 par le TEA-20 à moteur Standard plus puissant. L'année 1951 voit l'arrivée de nouveaux blocs-moteur fonctionnant à l'essence, à l'huile lourde ou au pétrole, avant la commercialisation d'un diesel, le TEF-20. Cette même année, Ferguson gagne son procès contre Ford qui doit lui verser des royalties pour l'utilisation de son brevet de relevage hydraulique.

Quant à la France, elle accueille favorablement le Ferguson dès 1947, celui-ci étant importé par la Cogema. En 1952 est créée la Harry-Ferguson de France pour diffuser les produits

À compter de 1953, les « Petits Gris » sont des Massey-Harris-Ferguson, le constructeur britannique ayant fusionné avec son confrère canadien. C'est l'âge d'or du TE-20 qui est proposé avec des moteurs essence ou diesel.

Ferguson (non seulement les tracteurs, mais aussi les outils aratoires). Pour assembler les tracteurs, la société Hotchkiss est approchée. Standard détient 50 % du capital, ce qui donne naissance à la société Standard-Hotchkiss.

C'est donc en France, à Saint-Denis, que les Ferguson nationaux sont assemblés avec diverses pièces françaises (pompes à injection des diesels de marque Lavalette, électricité réalisée par Ducellier ou Paris-Rhône, etc.) puis avec des moteurs français (Hotchkiss-Brandt). Entre-temps, Ferguson a passé un accord avec le Canadien Massey-Harris. Le TEA-20 voit en 1957 ses derniers jours, le FF-30 lui succédant. Ce modèle, cette fois entièrement français, est presque identique, avec un moteur de 30 chevaux.

Depuis que le gazole est détaxé en France (en 1956), la production des modèles diesel s'envole. De 1953 à 1958, en seulement cinq ans, le « Petit Gris » de Ferguson, avec les TEA-20 et le FF-30, est durant les années 1950 le tracteur le plus vendu en France, loin devant Renault.

Ce succès démontre que les 20 à 30 chevaux sont la puissance usuelle pour les petites et moyennes exploitations françaises de l'époque et que le Ferguson, commercialisé avec une vaste gamme d'accessoires et d'outils, est un produit bien né. Aux côtés de l'International Harvester Farmall Cub et du Massey-Harris Pony, le Ferguson TEA-20 complète le trio de tracteurs américains qui marquent les années 1950.

La charrue à trois corps est fabriquée sur mesure pour le tracteur. Elle est en effet adaptée pour recevoir le système de relevage hydraulique trois points. Chaque constructeur développe, s'il le peut, une gamme d'outils de manière à proposer un système complet à l'acheteur. Différemment de cette politique, Renault pratique l'homologation de certains outils ou remorques.

En France, Ford jette l'éponge

Malgré ses déboires avec Ferguson et la sévère concurrence des marques américaines en Europe, Ford demeure toujours très actif dans le domaine du tracteur. La marque reste cependant dans un premier temps fidèle au bon vieux moteur à soupapes latérales à essence.

L'après-guerre voit l'entrée en scène des Ford E27N de 28 chevaux – appelés aussi Fordson Major –, fabriqués en Grande-Bretagne dans l'usine de Dagenham et qui vont régner jusqu'au début des années 1950. Héritier du vieux Fordson N, le E27N est modernisé par une transmission par pignons qui remplace l'ancienne transmission à vis globique ainsi que par un différentiel. Certains exemplaires sont même motorisés par des diesels Perkins.

Il est à noter qu'en Angleterre, on distingue le Major d'avant 1952 de celui d'après 1952 par les terminologies « Old Fordson Major » et « New Fordson Major », ce dernier étant totalement différent puisque motorisé par un moteur à soupapes en tête.

Les productions purement américaines sont aussi importées en France, uniquement par le réseau des concessionnaires de la marque car il n'y a pas encore de filiale française vouée aux matériels agricoles (il existe par contre une filiale Ford automobiles et camions installée à Poissy, mais celle-ci, mal en point, est rachetée par Simca en 1953).

Le Ford 2N est lui aussi tout gris mais sa calandre se différencie par ses barres verticales. Ce modèle porte encore, sous le logo Ford, le badge « Ferguson » car il est équipé du relevage trois points conçu par Harry Ferguson durant les années 1930.

Suite au procès que Ferguson intente à Ford après que l'Américain ait décidé de ne plus lui verser les royalties de son brevet, les tracteurs Ford abandonneront toute référence anglaise.

Les Ford NAA lancés en 1953 sont plus gros, plus lourds et plus puissants que les anciennes séries. Ils troquent également leur livrée grise pour une robe blanche et rouge plus pimpante. Mais ces séries ne seront pas importées en France. Le tracteur ci-dessus est équipé d'un godet porté.

Des États-Unis arrivent donc, dès 1946, les Ford 9N et 2N plus modernes.
Il s'agit de tracteurs peu coûteux et bien équipés puisqu'ils bénéficient d'un équipement électrique (ce qui n'est pas le cas du E27N) et d'un relevage hydraulique Ferguson. Ford commercialise les 9N de 1939 à 1942 et les 2N de 1942 à 1947, ces deux séries étant identifiables par le logo Ford et Ferguson.

Le procès entre les deux firmes débute en 1947 et même si Ford est contraint de payer des royalties à Ferguson, il continue d'utiliser le relevage hydraulique trois points sur ses productions. Pendant que Ferguson lance « sa » version du 9N, le TE-20, Ford fait disparaître le logo « Ferguson » jusque-là apposé sur les calandres pour présenter le 8N qui sera produit de 1947 à 1952.
Ce tracteur bénéficie d'une boîte à quatre rapports au lieu de trois auparavant et il est livré avec une carrosserie grise que complète un ensemble moteur-boîte-pont entièrement peint en rouge vif. Les Ford 9N, 2N et 8N sont bien diffusés, mais ils sont directement concurrencés par les E27N de fabrication anglaise. Ils doivent aussi et surtout se mesurer à la firme britannique Standard qui assure la construction des Ferguson, leur ancien « allié ».
En France, l'usine Ford de Poissy, après quelques assemblages de 9N et 2N, ne construit finalement plus aucun tracteur.

En 1953, pour fêter son cinquantenaire et aussi pour contrer le Ferguson TO-30, Ford lance le tracteur NAA nettement amélioré par un moteur à quatre-cylindres à soupapes en tête de 30 chevaux, avec une distribution par pignons. Beaucoup de choses ont été revues sur ce modèle : l'empattement est allongé, il est plus lourd, le capot bascule d'une seule pièce vers l'avant et le logo est totalement nouveau.

Entièrement rouge vif, le NAA inaugure une nouvelle série de tracteurs Ford. Avant l'arrivée, remarquée en Europe, des Fordson New et Power Major britanniques.

Le Old Major est mort, vive le New Major !

Le vieux E27N cesse de vivre en 1952. C'est donc à cette date qu'apparaît une nouvelle gamme mieux motorisée et d'allure plus moderne, avec un relevage hydraulique plus perfectionné.

Le projet est entériné en 1945 mais, pour des raisons de coûts, le futur New Major est repoussé. Toutefois, à partir de 1950, la ligne est figée. Le tracteur – bleu avec des jantes orange – est baptisé E1A, propulsé par un moteur quatre-cylindres à soupapes en tête à essence, à pétrole ou pouvant fonctionner au gazole. Cette formule d'un bloc unique pour trois types de motorisation permet de réduire de façon sensible le prix de vente en standardisant à outrance les pièces. Le diesel est, de fait, proposé à un tarif très attrayant. Selon les carburants, la puissance délivrée est de 34 à 36 chevaux à la poulie et de 28 à 30 chevaux à la barre. En fait de tracteurs, c'est toute une gamme avec outils adaptés qui est dévoilée en 1951.

Ford s'implante fermement en Grande-Bretagne avec le E27N, un Fordson anglicisé, mais qui commence à vieillir après 1945. Il est remplacé par le E1A New Major en 1951, rejoint sept années plus tard par le Power Major qui fait passer la puissance à la barre de 30 à 52,5 chevaux.

Le Major fait une belle carrière en Grande-Bretagne et même, dans sa version diesel, aux États-Unis où Ford ne produit pas une telle motorisation.

En France, les premières séries sont commercialisées avec un équipement électrique optionnel, alors qu'il est de série chez nos voisins anglais. Comme sur la plupart des tracteurs légers américains, les voies arrière et l'essieu avant sont réglables en largeur.
Le succès du New Major permet à la filiale britannique d'exporter vers les États-Unis où les Ford produits n'ont pas encore de version diesel. Le tracteur évolue en 1957 avec un diesel de 44 chevaux, les modèles à moteur fonctionnant au pétrole n'étant pas reconduits.
En 1958, le New Major est remplacé par le Power Major nettement plus puissant (52 chevaux) puis, en 1960, par le Super Major, encore modernisé par une direction à assistance hydraulique et une ligne davantage dans l'air du temps.

Toutes les gammes se modernisent mais lentement, très lentement. Il en va d'ailleurs de même pour l'automobile. La Renault 4CV, lancée officiellement en 1947, ne connaît ses premières modifications que… sept années plus tard (et encore ne s'agit-il que d'un léger lifting de la calandre !). L'époque n'est pas à la refonte des engins tous les ans ou tous les deux ans.
La France, et particulièrement la France agricole, se modernise, mais avec lenteur.

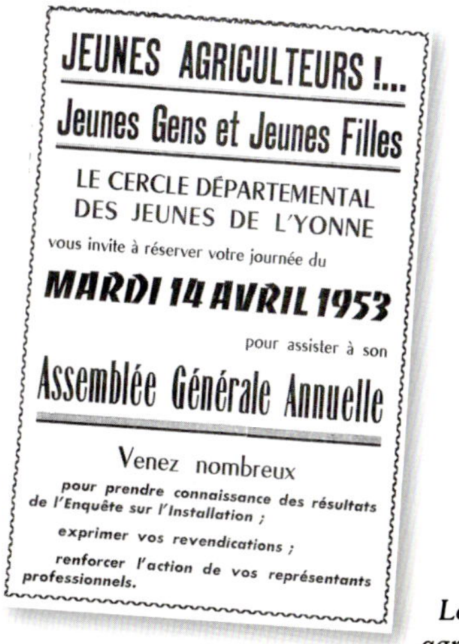
JEUNES AGRICULTEURS !...
Jeunes Gens et Jeunes Filles
LE CERCLE DÉPARTEMENTAL
DES JEUNES DE L'YONNE
vous invite à réserver votre journée du
MARDI 14 AVRIL 1953
pour assister à son
Assemblée Générale Annuelle
Venez nombreux
pour prendre connaissance des résultats de l'Enquête sur l'Installation ;
exprimer vos revendications ;
renforcer l'action de vos représentants professionnels.

Les jeunes agriculteurs n'entendent pas être les « laissés pour compte » de la croissance. Ils participent activement à la vie politique, déjà à travers la Confédération Générale de l'Agriculture (CGA), puis dans le syndicat professionnel FNSEA apparu en 1946.

L'utilisation des engrais ne date pas des années 1950 et 1960 mais les procédés chimiques permettent désormais de tirer parti de presque n'importe quelle terre. À l'époque, les engrais sont perçus comme la grande solution. On ne se soucie guère des aspects écologiques. Il faut cependant rappeler le contexte : alors que l'Occupation et ses privations sont encore présentes dans les mémoires, le pays redevient, en l'espace de quelques années, plus qu'autosuffisant. Que demander de plus ?

Les tracteurs allemands sont de chauds partisans de la motorisation diesel, y compris sur des engins relativement légers comme cet Hanomag R12 propulsé par un monocylindre diesel de 510 cm³.

chapitre 3

Une mécanisation presque complète ?

Les années 1960 marquent une nette progression de la mécanisation du monde agricole alors en pleine mutation. D'un point de vue social, la population agricole décline inexorablement. Les jeunes ruraux préfèrent s'exiler vers les villes. Malgré les efforts de cette mécanisation – qui accroît nettement les conditions de vie de l'exploitant –, les conditions de travail sont jugées pénibles et peu valorisantes. Moins d'agriculteurs, mais plus de productivité. Les années 1960 sont par bien des aspects très différentes de la décennie précédente. Les petites exploitations se raréfient : place aux grandes zones spécialisées. Fini le temps où l'agriculteur élèvait une dizaine de poules, une ou deux vaches et cultivait quelques arpents de blé. L'agriculture se spécialise à outrance. Les machines sont de plus en plus complexes, de plus en plus puissantes. Les tracteurs de moins de 20 chevaux ne sont plus à la mode. Il faut toujours plus !

Fabricant d'armes reconnu, l'Autrichien Steyr se lance dans la bicyclette, puis l'automobile. Associée au groupe Austro-Daimler-Puch, la firme est dévastée après 1945.

La production de tracteurs et de poids lourds reprend cependant assez vite. En France, les Steyr sont importés dès 1947 par la Sevita (la Société européenne de Véhicules industriels et de Tracteurs agricoles).

Furtivement initié avant la Seconde Guerre mondiale, le camping connaît un engouement certain durant les années 1950 et 1960. Chaque région de France devient un lieu de villégiature. Entre la Côte de Jade et la «Charmante Charente», le cœur des vacanciers balance. En tout cas, ces vacances ne sont pas celles de l'exploitant agricole, lui qui doit travailler toute l'année.

Les années 1960 sont marquées par une ère de modernisation. Le pays n'est plus dans une phase de reconstruction directement héritée de la Seconde Guerre mondiale. Il en a fini des privations et des 45 heures hebdomadaires. Chacun veut maintenant sa part du gâteau.

On vit mieux (sur une base 100 en 1938, le niveau de vie est de 86 en 1946 ; il passe à 320 en 1975), plus longtemps (la durée de vie moyenne fait un bon en avant, passant de 62 ans en 1946 pour les hommes à 70 ans en 1975 et de 67,5 ans pour les femmes à 77 ans dans le même laps de temps) et la société des loisirs ne va pas tarder à s'installer.

Les congés payés, acquis par le monde salarial en 1936, ont porté les vacances de deux à trois semaines en 1956 puis à quatre en 1969. Mais l'exploitant agricole est quelque peu exclu de ce tableau idyllique. Les vacances ? En plein mois d'août, lorsque les moissons débutent ? C'est totalement impossible. Et l'éleveur ne peut tout de même pas abandonner ses bêtes sans soin ou sans traite !

Travailler la terre ou pratiquer l'élevage n'est donc pas vraiment perçu comme une profession « dans l'air du temps ». En quelques années, la part de la population active œuvrant dans le secteur dit primaire (pêche et agriculture) va littéralement s'effondrer. Au sortir de la guerre, le pays conserve une structure de pays en voie de développement avec plus de 36 % d'actifs dans ce secteur. En 1975, ce pourcentage peine à atteindre 10 %.

Et pourtant… Parallèlement, l'agriculture produit trois fois plus de céréales, 2,7 fois plus de viandes d'élevage (ovins, bovins et avicole), plus de deux fois plus de lait. Ces chiffres de productions très élevés entraînent déjà, dans cette France des Trente Glorieuses, des effondrements des prix avec à la clef d'inévitables et bien compréhensibles mécontentements des paysans.

Ces évolutions ont aussi imposé de nouveaux modes de travail : l'élevage se fait désormais en batteries, les engrais sont utilisés à outrance et l'homme paysan, dont le rythme de vie séculaire était jusque-là lié au lever et au coucher du soleil, moissonne désormais la nuit à la lueur des phares de sa moissonneuse John Deere dernier cri… Dans le domaine des engins agricoles, la tendance est désormais à la mécanisation massive de toutes les exploitations.

« Autrefois nous étions quatre… ». En ces années de croissance, l'agriculture produit plus, mais avec beaucoup moins de bras. L'exode rural est une triste réalité.

L'accroissement de la productivité passe aussi par la sélection des races animales les plus résistantes et les mieux adaptées. Les produits vétérinaires se multiplient aussi vite que les produits phytosanitaires.

Les silos sont les tours des campagnes françaises. On y ensile les fourrages qui nourriront le bétail durant les mois d'hiver.

L'élevage en batterie est une des nouveautés des années 1960. Avec cette pratique, le poulet n'est plus un luxe. La preuve, il se vend même en bouillon !

Si aujourd'hui la tendance est plutôt à condamner la surexploitation des terres, l'utilisation abusive des engrais chimiques ou le règne de la machine, force est de reconnaître que si la France a pu devenir excédentaire en céréales, c'est bien parce qu'elle s'est mécanisée. N'oublions pas que, dans le domaine agricole, c'est la météo qui commande. Que surviennent des pluies continues pendant les moissons et c'est assurément la perte d'une bonne partie des récoltes. Le machinisme a ainsi permis de travailler au bon moment, rapidement et en toute sécurité.

Les nouvelles générations de paysans qui travaillent après-guerre sont unanimes sur ce point : le tracteur et les machines ont largement contribué à rendre leur travail moins pénible. Sur ce point, aucun ne regrette l'araire et les bœufs.

Mais certains se posent tout de même des questions : la machine rend-elle le paysan plus heureux ? Dès 1957, une étude menée aux États-Unis a montré qu'un agriculteur pourtant suréquipé travaille jusqu'à 85 heures par semaine à la belle saison. Et s'il travaille autant, ce n'est pas tant pour vendre le produit de son travail que pour rembourser les emprunts liés à l'achat des matériels. Le cercle vicieux du productivisme à tout prix est en marche…

Citroën réussit à séduire un grand nombre d'exploitants agricoles avec son fameux HY, sa camionnette à tout faire apparue en 1947. La structure monocoque et l'adoption de la traction avant permettent de réduire considérablement la hauteur du plancher. C'est là un atout essentiel pour une bétaillère, les animaux pouvant monter et descendre sans peine. Et il est tout aussi facile de charger la version plateau qui dévoile ici sa robustesse en embarquant un petit Massey-Ferguson.

La Citroën 2CV a été conçue pour les curés, les médecins de campagne et les agriculteurs, suffisamment bien suspendue pour transporter le panier plein d'œufs d'une paysanne se rendant au marché. Ça, c'est bien sûr de la théorie ; et puis, après avoir investit dans un tracteur, l'exploitant agricole est trop endetté pour considérer l'achat d'une voiture comme prioritaire. D'ailleurs, la charge utile de la mythique «Dedeuche» semble un peu faible pour un habitant des zones rurales.

Une nouvelle France

La France s'est donnée une nouvelle République, la cinquième du nom, sous l'égide d'un général qui a remis la France sur ses rails en 1944, a été éclipsé en 1946 et qui, après une longue traversée du désert, revient en pleine forme reprendre en main un pays qui s'est enlisé dans la guerre d'Algérie.

Au mois de mai 1955, la France s'envole avec la Caravelle qui devient l'avion préféré du général de Gaulle qui ne jure que par la « rapide, la sûre, la douce Caravelle ». Caravelle, le mot est à la mode pendant les années 1960. C'est effectivement aussi le nom d'un joli coupé Renault, de moteurs d'autorails, ou encore de petits navires-école à voile.

Sur la route, le Général préfère circuler à bord de la DS, la Citroën emblématique de la seconde moitié des années 1950. Cette berline futuriste divise la France. Car même en période d'expansion, le pays est divisé. L'épineuse question de l'Algérie n'en finit pas de scinder la nation. Faut-il oui ou non accorder l'autodétermination à cette colonie ? Le drame algérien va ainsi catalyser une grande partie de la politique intérieure de 1958 à 1962. Un coup d'État venu d'Alger, organisé par quatre généraux français, est même tenté, tandis qu'un mouvement partisan de l'Algérie française, l'OAS, organise de sanglants attentats.

Les progrès de l'élevage sont aussi spectaculaires que dans la culture. La consommation de la viande de porc n'est désormais plus réservée à quelques paysans qui «tuent le cochon» juste avant les moissons. Le cochon d'élevage se mange toute l'année, débité dans des fermes-labos, puis acheminé vers les centres-ville dans des camions réfrigérés.

Mais il est trop tard : les négociations, accélérées par le général de Gaulle, conduisent à l'indépendance de cette ex-colonie française d'Afrique du Nord en juillet 1962. Pour tous les Français d'Algérie, c'est l'heure de faire ses valises malgré les exhortations de l'OAS. En quelques semaines, 700 000 pieds-noirs quittent dans l'urgence une terre qui les a vus naître. Le drame algérien se termine par un exode massif.

L'Algérie fut de 1830 à 1962 une vaste zone agricole. L'Afrique du Nord se mécanisa d'ailleurs bien plus rapidement que la métropole. Les tracteurs de forte puissance et les moissonneuses-batteuses y furent largement employés. Avant la Seconde Guerre mondiale, l'Algérie, la Tunisie et le Maroc fournissaient 90 % des engrais phosphatés. Et puis la plupart des agrumes venaient de ces chaudes régions : citrons, oranges et autres fruits exotiques inconnus jusqu'à l'entre-deux-guerres, comme les dattes ou les figues. Enfin, l'Algérie, c'est aussi le vin, fourni dans des proportions que l'on a pourtant tendance à surestimer.

Beaucoup d'agriculteurs choisissent de rester après l'indépendance de l'Algérie car les fameux accords d'Évian signés entre les représentants français et ceux de la nouvelle République algérienne leur garantissent une certaine sécurité et une liberté d'entreprendre. Mais après quelques mois, beaucoup déchantent... La nationalisation rapide des terres et des entreprises de conditionnement de fruits et légumes, mais aussi celles de jus de fruits (comme Orangina), les pousse finalement à partir.

Un autre grand marché est en train de s'ouvrir, le Marché Commun, officiellement formé en 1957. Le monde paysan reste toutefois très

Pendant longtemps en France, qui dit agrumes dit Algérie. Aussi le pays doit-il abandonner, en 1962, oranges, citrons et autres fruits exotiques en même temps que son département d'Afrique du Nord. Cependant la perte de l'Algérie – également un grenier à blé – n'est de ce point de vue guère ressentie par les Français, car la mondialisation est déjà en marche : le pays va simplement s'approvisionner sur d'autres marchés.

dubitatif : marché de dupes pour les uns, chance inestimable pour les autres, beaucoup ont du mal à en appréhender les limites. Tout le monde pressent toutefois qu'il faut préparer les esprits et les structures à ce nouveau mode de vie.

Au début des années 1960, le constat est tout de même un peu amer. L'agriculture européenne n'est pas celle des États-Unis : sur les 9 millions d'exploitations recensées, environ 5 millions couvrent des surfaces de moins de 5 hectares.

Cette ferme du centre de la France n'a pas bougé depuis la fin des années 1940 : pas encore d'eau courante, ni de chemin d'accès goudronné. On reste très loin du confort tant vanté par les publicités de l'époque !

Pour la promotion d'un produit du terroir, on fait tout de même appel à un brave paysan portant casquette et salopette de travail, aux mains cagneuses et aux belles moustaches tombantes. «Fiez-vous à lui !»...

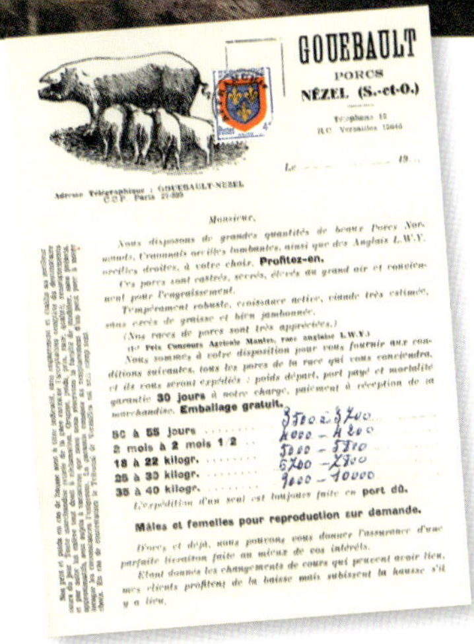

GOUEBAULT
PORCS
NÉZEL (S.-et-O.)

Le .... 19..

Adresse Télégraphique : GOUEBAULT-NEZEL
C.C.P. Paris 27-899

Monsieur,

Nous disposons de grandes quantités de beaux Porcs Normands, Craonnais oreilles tombantes, ainsi que des Anglais L.W.Y. oreilles droites, à votre choix. **Profitez-en.**

Ces porcs sont castrés, sevrés, élevés au grand air et conviennent pour l'engraissement.

Tempérament robuste, croissance active, viande très estimée, sans excès de graisse et bien jambonnée.

(Nos races de porcs sont très appréciées.)

Nous sommes à votre disposition pour vous fournir aux conditions suivantes, tous les porcs de la race qui vous conviendra, et ils vous seront expédiés : poids départ, port payé et mortalité garantie **30 jours** à notre charge, paiement à réception de la marchandise. **Emballage gratuit.**

50 à 55 jours	3500 à 3700
2 mois à 2 mois 1/2	4000 – 4200
18 à 22 kilogr.	5000 – 5800
25 à 30 kilogr.	6700 – 7800
35 à 40 kilogr.	9000 – 10000

L'expédition d'un seul est toujours faite en **port dû.**

Mâles et femelles pour reproduction sur demande.

Dores et déjà, nous pouvons vous donner l'assurance d'une parfaite livraison faite au mieux de vos intérêts.

Étant donnés les changements de cours qui peuvent avoir lieu, mes clients profitent de la baisse mais subissent la hausse s'il y a lieu.

Pour qui cherche de beaux porcs normands ou craonnais à oreilles tombantes, «sans excès de graisses et bien jambonnés», voici les tarifs : de 3500 à 10000 francs de l'époque suivant l'âge de la bête. Dans les campagnes, on achète encore des cochons à l'unité afin de se constituer une réserve de viande sur pied.

Une hécatombe chez les petits...

En ce début des années 1960, l'industrie du tracteur agricole français est donc en plein bouleversement. À l'image de ce qui se passe dans le domaine du poids lourd, bon nombre de petits constructeurs français vont disparaître. Certains se sont en effet lancés sur le marché du matériel agricole, la demande ayant longtemps été très forte. Lorsqu'il s'agit de passer à la vitesse supérieure, ils n'ont pas toujours les moyens financiers ou industriels pour renouveler ou compléter les gammes.

Les petits tracteurs Babiole d'Ivry-sur-Seine sont représentatifs de ces engins hâtivement conçus et à la vie éphémère. La firme est fondée par Lucien Babiole après la guerre, l'homme étant aidé par un grand nom de l'automobile, le polytechnicien Jean-Albert Grégoire.

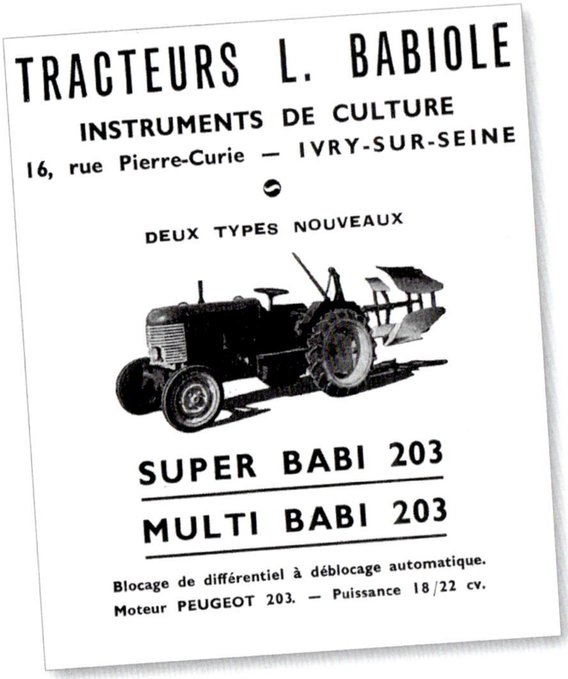

La Peugeot 203 est la première grande berline de l'après-guerre. Son moteur super-carré est très moderne avec sa culasse en alpax, et s'avère de surcroît fort robuste. Il va donc être largement utilisé, à commencer par diverses marques de tracteurs qui abaissent son taux de compression pour autoriser l'emploi de carburants de qualité moyenne.

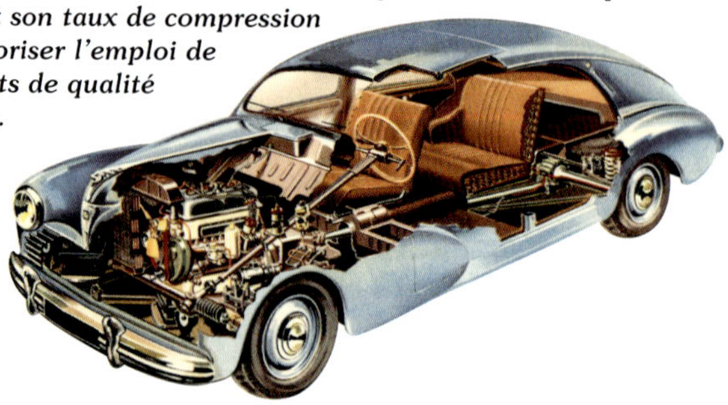

Comme leur nom l'indique, les super Babi 203 sont mûs par un moteur de Peugeot 203. Babiole est une petite société que fonde Lucien Babiole associé à Jean-Albert Grégoire, l'ingénieur automobile incontournable de l'avant et l'après-guerre. En quelques mois, les petits tracteurs connaissent le succès, surtout auprès des viticulteurs. En 1954, la marque vend davantage que MAP ou Vendeuvre. Incontestablement, les robustes et réputés moteurs Peugeot jouent en leur faveur.

En 1951, après quelques tracteurs à chenilles, Babiole est en mesure de commercialiser des tracteurs à roues animés par un moteur Peugeot, celui de la 203. Le premier tracteur Babiole est le T6, épaulé par le T7 à moteur CLM diesel. En 1953, la gamme s'étoffe avec l'apparition du Super Babi muni d'une boîte de vitesses à trois rapports avant avec doubleur, ce qui permet d'obtenir six rapports avant et deux rapports arrière. Quant au Multi Babi, il a en plus droit à un blocage de différentiel automatique, tout en conservant une boîte à trois rapports.

Pour Babiole, c'est la consécration. Ses tracteurs se vendent bien, tellement bien que la marque se paye même le luxe d'être en 1954 le troisième constructeur national avec 1 960 exemplaires, quoique loin derrière Renault et la SFV. Cet enthousiasme pousse même la firme à proposer des engins « garantis à vie ». L'année suivante, Babiole produit encore presque 1 500 tracteurs, ce qui le place désormais au cinquième rang, très loin désormais de Renault qui dépasse les 6 250 exemplaires. Toujours en 1955, la gamme Super est lancée ; elle comprend un Super HD à moteur diesel Perkins (avec la boîte à six rapports), tandis que toute la gamme essence hérite en 1956 du nouveau moteur culbuté de la Peugeot 403. Mais cela ne suffit pas à redresser les ventes, constat qui pousse Lucien Babiole au suicide. Bien que repris par le COFA (Comptoir Français Agricole) – un importateur de machines agricoles qui diffuse aussi ses propres tracteurs sous le nom de Tracfor –, les ex-tracteurs Babiole ne peuvent plus suivre le rythme imposé par les grands constructeurs nationaux et surtout étrangers, qui sortent nouveauté sur nouveauté chaque année. En 1959, l'usine d'Ivry ferme ses portes. L'aventure n'a finalement duré que huit années.

Il en va de même pour la société Champion tracteurs, apparue en 1952. Les Champion

La firme Champion débute elle aussi après la Seconde Guerre mondiale dans le tracteur agricole. Rappelons qu'à l'époque, les besoins sont tels que les firmes qui prennent cette voie sont quasi assurées du succès. Tout au moins temporairement. 5 000 tracteurs Champion sont ainsi produits de 1952 à 1959. Mais à partir des années 1960, la demande évoluant, un grand nombre de constructeurs, faute de moyens financiers suffisants, préfèrent jeter l'éponge.

Alto, Cadet, Comet, Dauphin, Élan et Ténor faisaient appel à des moteurs diesel Cérès (ou Stihl pour le petit Dauphin). La société Cérès, implantée à Bar-sur-Aube, possède alors des moteurs agricoles diesel fort réputés. Avec des puissances de 15 à 55 chevaux, Champion dispose d'une gamme homogène. La société, ne pouvant davantage évoluer, cesse sa production elle aussi en 1959.

Ce petit tracteur Micromax des établissements Guillemaud Frères fait appel à un 4-cylindres de Citroën C4. Ce moteur d'origine automobile n'est pas assez résistant pour que le tracteur puisse bénéficier d'un châssis porteur : on distingue fort bien les deux poutres de longerons formant le châssis. L'ensemble est plutôt simple, voire rudimentaire, mais on s'en contente, faute de mieux.

On pourrait davantage multiplier les exemples : Maci et ses tracteurs Bison, la Setra et sa voisine la Siaco, ou encore Sift. Ces marques ne passent pas le cap des années 1960 ou bien déclinent inexorablement. Et il n'y a pas que les petits constructeurs qui souffrent : de grands noms vont à leur tour disparaître.

La concentration économique touche aussi l'industrie du tracteur : MAP est rachetée dès 1952 par la Someca, filiale de Fiat et de Simca France. Si le châssis MAP est conservé sur le DA 50 (le premier tracteur Someca), c'est bien un moteur Fiat OM de 37 chevaux qui se trouve désormais sous le capot.
La Someca distribue aussi les tracteurs autrichiens Steyr, les tracteurs Fiat ainsi que les machines agricoles Puzenat, un grand et vieux spécialiste français du machinisme agricole. Puzenat possède un vaste site à Bourbon-Lancy, en Saône-et-Loire, qui aura une grande importance par la suite puisque c'est là que seront produits les moteurs de poids lourds IVECO (goupe Fiat).

Caractéristiques PRINCIPALES

Babiole Super H
1955-1957

Moteur :
Peugeot 203 4-cylindres essence refroidi par eau

Cylindrée :
1 290 cm^3

Alésage x course :
75 x 73 mm

Puissance :
à la barre : 24 ch
à 1 800 tr/min
à la poulie : 26 ch
à 1 800 tr/min

Transmission :
boîte de vitesses à 6 rapports avant et 2 rapports arrière

Châssis :
double poutre avec longerons en acier

Freinage :
tambour à commande mécanique

Poids total :
1,30 t

La marque Babiole s'impose en quelques années comme un des plus grands constructeurs de tracteurs légers avec une gamme essentiellement animée par des mécaniques Peugeot issues des 203 puis des 403. Un modèle à moteur Perkins diesel voit aussi le jour mais, après quelques années fastes, les ventes s'effondrent. Née au début des années 1950, Babiole ne passera pas la fin de la décennie.

Au début des années 1960, la Someca peut s'enorgueillir d'une progression continue de ses ventes. Cette division agricole de Simca (à l'origine filiale de Fiat) rachète en 1952 la firme MAP, mettant ainsi la main sur de bons tracteurs aux mécaniques toutefois capricieuses. On monte donc des moteurs Fiat et Simca sur les MAP, pour donner naissance au DA 50. Si le petit Som 20 est en fait un Fiat Piccola assemblé en Italie, le Som 40 est par contre, dès la fin des années 1950, un best-seller bien français.

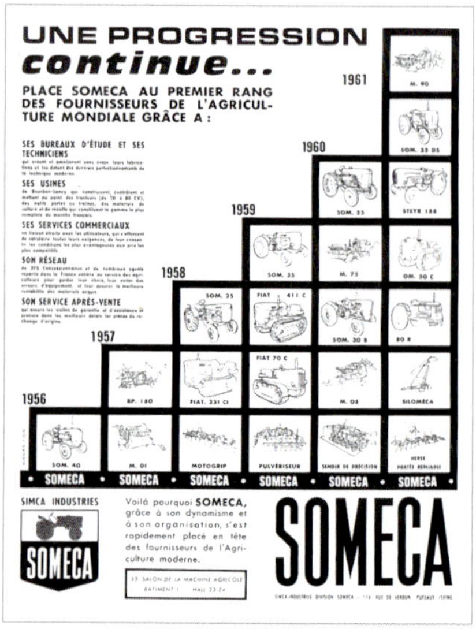

Mais en attendant, les tracteurs Someca 50 font une carrière fulgurante de 1952 à 1958, avant d'être rejoints par un petit Someca 20 D (en fait un Fiat Piccola) et un Someca 40 de 35 chevaux, très largement diffusés jusqu'en 1964, en compagnie de modèles plus puissants comme les SOM 50 et 55. C'est en effet à cette date que la gamme est refondue avec l'apparition du 612 de 65 chevaux puis, deux ans plus tard, apparaît le 715 de 70 chevaux. On pénètre dans le clan très fermé des grosses puissances des années 1960.

En 1966, la Someca devient la FFSA (Fiat France SA), les modèles étant toujours constitués de petits tracteurs d'origine italienne et d'engins plus puissants fabriqués en France comme les nouveaux 670 (65 chevaux), 750, 800 et 900. Mais l'aventure française tourne court à l'orée des années 1970 lorsque l'activité agricole est finalement transférée vers l'Italie.

Le Someca 40 apparaît en 1957, avec un succès foudroyant car sa puissance de 40 chevaux le rend particulièrement polyvalent. Deux ans plus tard est introduit le Som 40B qui se distingue par un relevage hydraulique en option et des coloris mêlant le vert wagon et l'orange.

La SFV est, à la fin des années 1950, en plein déclin malgré l'abandon des moteurs à « boules chaudes ». La SFV produit en effet désormais des machines dont le moteur bénéficie d'un circuit électrique facilitant le démarrage mais elle reste tout de même fidèle au moteur deux-temps à huile lourde. Il s'agit toujours

« La qualité Sevita reconnue par les USA » : la Sevita, distributeur des produits Someca, se félicite des conclusions du centre d'essai de l'Université du Nebraska qui évalue la puissance réelle des tracteurs du monde entier et « dont les tests sont particulièrement sévères ». Aucun doute n'est plus permis : le Som 40 est bien « un tracteur français de classe internationale ».

Le Someca 40H est lancé en 1961. Par rapport au modèle précédent, le Som B, cette version est dotée de série du relevage hydraulique. Le moteur est toujours d'origine italienne (un 4-cylindres diesel OM) mais sa puissance est légèrement accrue.

someca
BOUL

Caractéristiques PRINCIPALES

Someca 612
1964-1968

Moteur :
OM-Fiat CO2D.60, 4-cylindres diesel refroidi par eau

Cylindrée :
4 397 cm^3

Alésage x course :
108 x 120 mm

Puissance :
65 ch à 1 750 tr/mn

Transmission :
boîte de vitesses à 7 rapports avant et 2 rapports arrière

Châssis :
ensemble autoporteur moteur-boîte-pont formant un carter unique

Freinage :
indépendant à disques

Poids total :
2,92 t

Tracteur des temps modernes, le Someca 612 est un puissant engin. Intégré à la catégorie des trisoc (c'est-à-dire capable de porter une charrue à trois socs), le Som 612 bénéficie de tous les raffinements propres à un tracteur de la seconde moitié des années 1960 : prise de force indépendante, prise de pression pour vérin hydraulique, manille d'attelage avant, attelage arrière trois points renforcé, etc.

Le Someca 350 est produit au début de la décennie 1970. Mais il s'agit cette fois d'un engin d'origine italienne, la majorité des tracteurs n'étant plus assemblés en France mais dans l'usine de Modène.

d'imposantes mécaniques, tel le 12,8 litres du 551, un robuste tracteur de 50/60 chevaux, héritier direct du fameux H0 de l'avant-guerre mais modernisé en 1957 par un capot en fibre de verre armée.

La marque tente une percée sur les tracteurs de petites puissances avec le 201 animé par un monocylindre de 18-22 chevaux qui devient le Super 202 en 1958. Afin de rester concurrentielle, la SFV dévoile la même année les séries 403, 303 et 203, un gros, un moyen et un petit tracteur (respectivement 38/42 chevaux, 28/30 chevaux et 18 chevaux).

Mais la SVF ne peut poursuivre l'évolution de ses modèles sans investissements très lourds. C'est finalement l'Américain Case qui reprend le flambeau en 1959. Les SFV bleu, blanc et rouge sont encore produits quelques années, en compagnie des productions Case d'outre-Atlantique, mais ils disparaissent totalement en 1963.

Comme beaucoup de spécialistes du tracteur, la firme Vendeuvre est en plein «boom» au début des années 1950. La marque sise à Vendeuvre-sur-Barse, dans l'Aube, dispose d'une importante usine à Dieppe qui fabrique les moteurs et d'une autre unité dans le nord de la France. Ce sont des milliers de personnes qui travaillent pour la marque. Mais en 1959 a lieu une vague de licenciements. La maison-mère doit faire face à d'importantes difficultés. Elle se jette finalement dans les bras d'Allis-Chalmers, un gros groupe américain qui officie, entre autre, dans le tracteur.

Vendeuvre va suivre le même chemin. Après une tentative de rajeunissement de ses gammes en 1957, la marque s'associe en 1959 – faute de liquidités – avec un Américain, Allis-Chalmers. Elle va alors tenter de reconquérir le cœur de ses acheteurs avec les nouveaux BL de 30 à 55 chevaux, munis d'un relevage hydraulique. Mais les beaux tracteurs orange et vert sont finalement abandonnés au profit des productions américaines d'Allis-Chalmers. L'usine ne produit plus aucun tracteur agricole à partir de 1965.

Si les années 1960 sont marquées par une récession des marques françaises, ce n'est pas uniquement à cause de la concurrence ou de la « voracité » des marques anglo-saxonnes. À force de remembrer les terres agricoles et aussi parce que la population rurale diminue fortement, il y a aussi nettement moins d'exploitations, donc moins de demande en matériel neuf…

SFV tente de rajeunir sa gamme avec des tracteurs de puissances plus modestes. Le Super 202 succède en 1958 au 201. Il développe 27 chevaux. Le 403 demeure un gros 38/42 chevaux et son moteur semi-diesel, bien que n'étant plus à boule chaude, reste néanmoins un deux-temps. Le 403 D, version totalement diéselisée, apparaît en 1961 mais il est bien tard... Le Super 204, enfin, est l'ultime évolution des 201 et 202. Mais la fiabilité de ces modèles ne passe pas pour certaine...

Les tracteurs et matériels agricoles Case jouissent en Europe d'une excellente réputation, qui pousse sans doute cette marque à racheter la SFV en 1958. Dans la catégorie des « 2 socs » – les tracteurs de puissance moyenne – le CF 250 vient à point nommé remplacer le SFV Super 204. Les tracteurs Case, d'origine américaine, sont toutefois assemblés en France et équipés d'un moteur Peugeot diesel XDP 85.

201
SFV

Caractéristiques PRINCIPALES

SFV 201
1953-1958

Moteur :
SFV monocylindre deux temps diesel refroidi par eau

Cylindrée :
3 200 cm^3

Alésage x course :
155 x 170 mm

Puissance :
à la barre : 18 ch
à 1 000 tr/min
à la poulie : 22 ch
à 1 000 tr/min

Transmission :
boîte de vitesses
à 5 rapports avant
et 1 rapport arrière

Châssis :
ensemble autoporteur moteur-boîte-pont formant un carter unique

Freinage :
indépendant à bandes sur l'essieu arrière

Poids total :
1,29 t

Le 201 concrétise une offensive de la SFV sur le marché des petits tracteurs compacts. Si sa ligne est moderne, le moteur demeure un bon vieux semi-diesel monocylindre horizontal au régime très lent. Le 201 est toutefois muni d'un moderne démarreur électrique, bien que son démarrage puisse classiquement s'effectuer en lançant le volant moteur. Il est aussi équipé d'une prise de force indépendante, d'un relevage hydraulique trois points et d'un régulateur à charge variable. Sa puissance somme toute modeste interdit l'usage de lourds outils traînés.

Renault, toujours en tête !

Renault reste en tête des constructeurs de tracteurs nationaux depuis la fin de la guerre puisque le constructeur assemble 50 000 tracteurs de 1945 à 1956.
C'est beaucoup et peu à la fois : beaucoup car aucun constructeur ne peut en faire autant, peu car Renault pourrait disposer d'un outil industriel nettement plus important. Mais force est de constater qu'à Billancourt, c'est l'automobile qui bénéficie en priorité de tous les efforts.

Toutefois, la création en 1955 de la division du matériel agricole (DMA) prouve que la Régie est loin de se désintéresser de ce marché. L'année suivante, la gamme est entièrement refondue. C'est aussi l'année où le gazole est détaxé. Deux ans auparavant, afin justement de relancer les ventes, l'État français accorde une ristourne de 15 % à tout acheteur d'un tracteur agricole diesel neuf. Pour la Régie nationale, c'est le moment de passer au diesel car ses moteurs essence quatre-cylindres type 85 n'ont pas la réputation d'être particulièrement sobres.
La crise de Suez de 1956 a marqué les esprits : en nationalisant le canal par où transitent des centaines de pétroliers, le président égyptien Nasser coupe d'un coup le robinet de carburant de l'Europe. En quelques semaines, pour la première fois, le prix du carburant s'envole.

La couleur orange est décidemment en vogue. Bon nombre de marques adoptent cette livrée très visible. Renault est l'un des premiers à choisir ce coloris dans ses diverses nuances : le orange de la nouvelle gamme de 1956 est en effet différent de celui des modèles précédents. Le D22 est propulsé par un moteur refroidi par air allemand, un MWM de 22 chevaux.

Certes, Renault dispose déjà dans sa gamme d'engins diesel à moteur Perkins de 22/30 chevaux ou Hispano-Hercules de 30/40 chevaux, mais la firme souhaite aller plus loin.
Forte d'un réseau assez dense (plus de 2 500 agents et 140 concessionnaires dans toute la France vers 1958) et surtout travaillant de

concert avec les constructeurs d'outils aratoires parfaitement adaptés à ses produits (Renault ne concevant pas de machines agricoles), la Régie lance donc quatre nouveaux tracteurs : le D22, le D30, le D35 et le E30, suivis du petit D16.
Les chiffres déterminent ici le niveau de puissance des tracteurs car, dans la nomenclature technique du constructeur, le D16 est un 7053, le D22 est un 7052, le D30 un 7051, le D35 un 7050 et le E30 un 3051... Excepté le E30, tous sont des diesel. Les moteurs ne sont toutefois pas français puisque le D30 conserve un Perkins britannique et tous les autres modèles, du D16 au D35, sont animés par des diesels (refroidis par air) d'origine allemande MWM.
Afin de limiter les coûts de fabrication, tous ces engins partagent bon nombre de pièces communes comme le châssis, la direction ou les commandes, le circuit électrique ou le blocage de différentiel. En outre, ils sont équipés de boîtes de vitesses à six rapports et peuvent en option recevoir le bloc Agriroute (un réducteur qui multiplie les rapports par deux, permettant ainsi d'obtenir un total de douze vitesses). Le relevage hydraulique reste en option, tout comme un embrayage double effet qui permet de dissocier les prises de forces.

Le D35 est un D22 un peu plus gros. Le moteur est toujours un MWM diesel refroidi par air, mais un 3-cylindres, alors que le D22 n'a droit qu'à un bicylindre. L'ensemble de la gamme, particulièrement bien équipée, va connaitre un grand succès.

Caractéristiques PRINCIPALES

Renault R7051 D30
1956-1960

Moteur :
Perkins, 3-cylindres diesel refroidi par eau

Cylindrée :
2 365 cm³

Alésage x course :
88,9 x 127 mm

Puissance :
à la barre : 30 ch
à 1700 tr/min
à la poulie : 27 ch
à 1700 tr/min

Transmission :
boîte de vitesses à 6 rapports avant et 1 rapport arrière (12 rapports avec le bloc Agriroute)

Châssis :
ensemble autoporteur moteur-boîte-pont formant un carter unique

Freinage :
à ceinture sur tambour à commande mécanique sur l'essieu arrière

Poids total :
1,5 t

Le D30 (nom de code R 7051 dans la nomenclature Renault) appartient à la nouvelle gamme lancée en 1956. Il en est l'un des rares diesels refroidis par eau car tous les autres modèles de ce type reçoivent un moteur MWM à deux ou trois cylindres refroidis par air. On note qu'à cette date, Renault ne croit plus aux moteurs à essence puisqu'au sein de la nouvelle série, seul le E30 est proposé avec un 4-cylindres essence. Il faut dire qu'en 1956, l'État vient de détaxer le gazole, ce qui favorise son expansion au sein du monde agricole.

C'est dans l'usine du Mans que sont assemblés les tracteurs Renault. Après la Seconde Guerre mondiale, ce site acquis avant le conflit est exclusivement dédié à la fabrication des tracteurs agricoles.

Selon les options ou les accessoires, chacun des modèles Renault est disponible en une vingtaine de variantes, y compris des modèles « vignerons » ou « étroits », reconnaissables à leurs voies étroites pour passer entre les rangs des vignes ou d'autres cultures spécifiques. Toutes ces variantes permettent naturellement à chaque agriculteur de choisir l'exact modèle dont il a besoin.

C'est le D22 qui connaît la plus grande diffusion jusqu'en 1960 avec 31 210 exemplaires ; c'est aussi le plus puissant. Le D35 arrive deuxième avec 20 102 exemplaires. Le petit D16, dont le gabarit est pourtant bien adapté aux petites exploitations, est moins apprécié (3 745 exemplaires), certainement à cause de la concurrence des Farmall Cub et autres Pony de Massey-Harris.

Après 1960, la gamme évolue en changeant de nom. Le D22 devient le N72, le D30 est le N71, le E30 est le N31 (le seul à conserver un moteur essence) et le D35 le N70 (mais, pour information, les désignations techniques restent les mêmes qu'auparavant). Il existe aussi un Super 108 de 60 chevaux, mais ce Renault est en fait fabriqué par la firme italienne Finameccanica avec laquelle Renault a des liens.

Les puissances en profitent pour augmenter légèrement sur tous les modèles (le N72 culmine ainsi à 25 chevaux), avec de minimes évolutions (redéfinition du tableau de bord, amélioration du poste de conduite, de la filtration moteur, de l'échappement et du circuit électrique…).

Ces séries N (V s'il s'agit d'un modèle « vigneron », ou E s'il s'agit d'un modèle « étroit ») sont produites jusqu'en 1964 ; elles bénéficient d'un attelage trois points aux normes

Le D30 est animé par un moteur diesel, en l'occurrence une mécanique Perkins 3-cylindres refroidie par eau. Comme tous les Renault de cette époque, il est équipé d'un blocage de différentiel, d'une prise de force arrière et d'un relevage hydraulique Bendix. Il remportera un franc succès avec 17485 exemplaires produits entre 1956 et 1960.

européennes et du relevage hydraulique 3R à transfert de charge, qui empêche (normalement) le tracteur de patiner en reportant le poids de l'outil sur les roues arrière en cas de besoin. Par un phénomène d'auto-équilibrage, le phénomène s'arrête de lui-même quand les roues retrouvent leur adhérence initiale. Toutes séries D et N confondues, de 1956 à 1964, Renault a construit plus de 134 000 tracteurs, un très joli score.

À partir du printemps 1960, les D cèdent leur place aux nouveaux N, identifiables par leur calandre à mailles. Dans cette nouvelle gamme, les N (Normal) donnent lieu à trois déclinaisons : les E (Étroit), les V (Vigneron) et les P (Pont & Chaussée). Le N70 ci-dessus succède au D35 Normal. Le moteur MWM diesel 3-cylindres à refroidissement par air passe de 35 à 40 chevaux.

Ce prospectus dévoile les atouts de la nouvelle gamme apparue au printemps 1960 et qui, dès l'automne suivant, bénéficie d'un relevage hydraulique 3R plus performant que l'ancien système Bendix. Le bloc Agriroute, qui multiplie le nombre de rapports (jusqu'à douze vitesses) est toujours proposé. On remarque aussi l'amélioration de la filtration avec une prise haute.

Farmall en forme

Du côté de la CIMA, le constructeur français des Farmall, on n'est pas non plus resté inactif. Les tracteurs rouges d'origine américaine connaissent toujours un grand succès. Aux côtés des petits Cub et Super-Cub, les Farmall FC sont conçus et assemblés en France, toujours dans l'usine de Saint-Dizier. Les moteurs diesel – importés d'Allemagne – apparaissent dès 1952 sur le FCN. Enfin, à compter de la fin de cette même année, les Farmall sont désormais entièrement réalisés dans l'Hexagone : les séries Super FC-C (essence) et Super FC-D (diesel) reçoivent un relevage hydraulique et un avant-train large.

Le Farmall F 235 bénéficie en 1957 du système Modulor. Le conducteur déplace la manette lorsqu'il commence à sentir que le tracteur s'enfonce et va patiner et le système agit via l'hydraulique d'un vérin qui «aide» l'outil en le soulageant sans pour autant que sa profondeur de travail soit modifiée. La manette revient toute seule à sa place une fois l'adhérence retrouvée. Plus basiquement, le Modulor permet aussi de lever et d'abaisser l'outil, de contrôler la profondeur de travail et de fournir l'énergie hydraulique à d'autres outils.

Comme les deux blocs moteurs animant ces modèles sont très semblables, le FC-D peut être commercialisé à un prix tout à fait attrayant, à peine supérieur à celui du FC-C à essence. Ce dernier peut même facilement être « diésélisé » grâce à un kit. La gamme évolue à partir de 1957 avec le F 235 et le F 235D, assez semblables aux précédents mais pouvant être équipés du système Modulor qui évite aux roues arrière de patiner en reportant le poids de l'outil porté.
Pour opérer dans les très petites exploitations, les vignes ou les vergers, International Harvester présente aussi en 1954 un autre tracteur qui n'est pas un Farmall. Il s'agit du modèle Utility qui dispose des mêmes mécaniques que les Farmall mais qui est moins haut et plus compact. Sont donc commercialisés des Utility Super FC-C et Super FC-D, puis des Utility FU 235 et FU 235D. En même temps, pour faire le lien entre les Super-Cub et les F 235, la CIMA propose le F 135D de 17 chevaux. D'origine germanique (il est issu de McCormick Allemagne), le F 135D (puis son successeur F 137D) est plutôt bien né, mais il se retrouve un peu tiraillé entre le Super-Cub moins puissant mais plus léger et le F 235 plus lourd mais mieux motorisé.
Malgré la diversité de la gamme et la robustesse des mécaniques, les tracteurs Farmall et Utility demeurent un peu faibles en terme de puissance. Le moteur essence ne développe pas plus de 25 chevaux et il faut attendre 1959 pour que soit lancé le Farmall 265.
Il est un peu la synthèse de tout le savoir-faire accumulé précédemment sur les modèles antérieurs : relevage hydraulique Modulor, freinage par disque, prise de force indépendante et boîte à six rapports. Le moteur délivre désormais 35 chevaux et la finition ainsi que le confort sont en nette progression. Sur ce modèle, le capot bascule vers l'avant en une

Ce F 137D prend la pose au pied du Pont de Tancarville, le fleuron du génie civil français de cette fin des années1950. Lancé en 1963, le F 137D est une évolution du F 135D. Son relevage hydraulique, extrapolé du Modulor, a été amélioré. Le moteur provient d'un Farmall diesel fabriqué en Allemagne. La livrée rouge et crème, enfin, est celle de tous les tracteurs IH (International Harvester) de cette époque.

seule pièce et un blocage du différentiel est proposé. Malheureusement, le 265 va essuyer les plâtres d'un lancement un peu précipité.

Deux ans plus tard, la gamme est remodelée et complétée avec le 267 (qui remplace le 265) et le 237D (diesel) plus léger avec ses 30 chevaux. Dès 1962, nouvelle refonte : le 240 et le 270 poussent les anciens modèles vers la sortie. Ils sont esthétiquement plus modernes et sont désormais équipés d'une centrale hydraulique modernisée pour remplacer la Modulor qui connaissait régulièrement des défaillances. Le modèle Utility disparaît au profit d'un tracteur désormais baptisé Standard.

Le B-414 est un tracteur construit en Grande-Bretagne comme l'atteste la désignation «B» (les «F» étant des engins assemblés en France). Il dispose d'un moteur 4-cylindres BC-144 délivrant 43,5 chevaux.

La CIMA se charge dès 1905 de diffuser les tracteurs IH en France, alors importés sous le nom Deering, puis sous le label McCormick en partenariat avec la Robert Wallut et Cie. Mais c'est après la Seconde Guerre mondiale que la CIMA prend vraiment son envol en produisant des tracteurs IH pour le marché français. Comme Renault, la CIMA offre une garantie de six mois pièces et main d'œuvre : il faut choyer le client, toujours prêt à quitter une marque pour une autre.

Le Massey-Ferguson 65 est un tracteur largement diffusé à travers le monde. Apparu en 1957, il opte pour les nouveaux coloris gris (châssis et moteur) et rouge (carrosserie). Il s'agit ici d'un modèle américain.

De son côté, Massey-Harris-Ferguson (MHF) fait évoluer le FF 30 avec un modèle de 35 chevaux, le FE 35. Ce tracteur est amélioré au niveau du relevage hydraulique, il dispose d'une gamme de vitesses lentes et d'une prise de force indépendante via un double embrayage.

Peint en rouge avec un châssis et une mécanique de couleur grise, ce FE 35 est produit sur les chaînes Hotchkiss à partir de 1958 sous la dénomination MF 835 (mais il est le plus souvent désigné MF 35). Il est alors motorisé par un Standard Diesel mais recevra plus tardivement les évolutions de son cousin britannique comme le moteur diesel Perkins trois-cylindres de 41,5 chevaux ainsi que le système Multi-Power, un réducteur de vitesses en sortie de boîte commandé hydrauliquement et qui permet d'obtenir douze rapports.

Le 825 est une fabrication française (le préfixe « 8 » l'indique). Animé par un Perkins diesel de 25 chevaux, ce petit tracteur bénéficie de deux prises de force : l'une ventrale, l'autre arrière. Il sera construit 25 287 exemplaires de ces modèles entre 1957 et 1963.

Le 65 est le haut de gamme de Massey-Ferguson durant les années 1960. Il bénéficie de techniques modernes : direction assistée, freins à disques, embrayage double, blocage de différentiel, réduction finale de type épicycloïdale, pompe hydraulique à fonctionnement en continu et moteur diesel Perkins de 40 chevaux.

Le 35, en fait un 835, est un excellent tracteur de 35 chevaux qui sera produit à plus de 30 000 exemplaires. Il est également construit en Grande-Bretagne sous l'appellation FE 35 avec le même moteur diesel Standard 23C de 2 259 cm³ et 34 chevaux.

Lorsque MHF devient plus simplement Massey-Ferguson (MF) en 1958, la gamme va prendre un petit coup de jeune. D'abord le site industriel français est complété par une usine à Beauvais où est assemblé le petit MF 825 de 25 chevaux. Et puis 1958, c'est aussi l'année où la marque acquiert le motoriste Perkins, grand spécialiste des diesels. L'année suivante, la marque rachète la firme britannique Standard Motor Ltd. Le MF 825 est alors complété par le 865 (MF 65). Une gamme complète commence aussi à apparaître avec d'autres modèles comme le MF 42 et le MF 50.

Massey-Ferguson semble ainsi rattraper son retard car pendant longtemps, sa gamme était réduite aux seuls « Petits Gris ». Mais parce qu'ils sont partiellement ou entièrement conçus en France (MF-France produit aussi des ensembles mécaniques pour l'étranger), ces bêtes de somme d'origine américaine seront largement présentes sur les terres agricoles françaises.

McCORMICK
INTERNATIONAL
FARMALL
SUPER
FC-D
DIESEL

Le Farmall FC-D est motorisé par un 4-cylindres conçu en France, dans l'usine CIMA de Saint-Dizier. Il est presque identique au moteur américain équipant les séries précédentes mais, pour l'adapter aux besoins des agriculteurs français, il en est prévu une version essence (moteur FC 123) et une diesel (moteur FD 123).

Caractéristiques PRINCIPALES

McCormick Farmall Super FC-D
1955-1959

Moteur :
IH FD 123, 4-cylindres diesel refroidi par eau

Cylindrée :
2 016 cm^3

Alésage x course :
79,4 x 101,6 mm

Puissance :
à la barre : 22 ch
à 1 650 tr/min
à la poulie : 24 ch
à 1 650 tr/min

Transmission :
boîte de vitesses à 5 rapports avant et 1 rapport arrière

Châssis :
ensemble autoporteur moteur-boîte-pont formant un carter unique

Freinage :
à ceinture sur tambour à commande mécanique sur l'essieu arrière

Poids total :
1, 64 t

Les tracteurs Steyr ont la réputation justifiée d'être très bien assemblés et équipés.

Les tracteurs d'outre-Rhin

Au début des années 1950, la guerre est encore très présente dans les souvenirs, d'autant que, comme nous l'avons vu, les privations sont encore d'actualité. Les Allemands ont été vaincus, mais pourtant, en quelques années, la haine et la méfiance envers le peuple germanique va s'estomper. Le rapprochement franco-allemand est sans aucun doute une des plus belles réussites diplomatiques et politiques de cet après-guerre.

L'homme clef de ce rapprochement des deux décennies de l'après-guerre, c'est Robert Schuman, ministre des affaires étrangères de 1948 à 1952, après avoir été président du conseil et ministre des finances. Inspiré par Jean Monnet, qui fut lui aussi un des pères fondateurs de l'Europe moderne, Robert Schuman va tout faire pour que la jeune République fédérale d'Allemagne devienne un partenaire économique de premier ordre.

Konrad Adenauer, le nouveau chancelier, sait saisir immédiatement cette chance de sortir l'Allemagne de son statut de vaincu et de faire de son pays l'égal des autres. Cette intégration économique qui jete les bases de la future Europe telle que nous la connaissons aujourd'hui passe tout d'abord par des accords portant sur le charbon et l'acier : c'est le traité de la CECA institué en avril 1951.

Créée en 1928, Fendt, qui existe toujours, se fait connaître avec sa gamme Dieselross à moteurs Deutz. Après la guerre, Fendt tire parti d'une demande de tracteurs aussi vive en Allemagne qu'en France. Le Fix, ci-contre, est un tracteur léger, de ligne moderne, lancé en 1958. Sa puissance, de 15 chevaux, va s'accroître au fil des ans.

Deutz est l'un des plus grands motoristes de l'histoire, fort connu pour ses moteurs refroidis par air qu'utilisent de nombreux véhicules industriels. C'est en 1949 que Deutz dévoile son premier tracteur à refroidissement par air. Aujourd'hui, la Deutz-Fahr est toujours l'un des leaders du tracteur et de la machine agricole.

Normag est une autre marque allemande réputée pour ses moteurs diesel deux-temps, que la SFV monte d'ailleurs sur ses derniers modèles, notamment les 203.

Les tracteurs bavarois Eicher font eux aussi appel à des motorisations diesel refroidies par air. À cette époque, les moteurs « à air » ont bien des arguments : ne nécessitant pas de complexe refroidissement par liquide (radiateurs, pompe à eau, durites, etc.), ils sont de plus insensibles au gel.

Ci-contre : les John Deere série M sont produits aux États-Unis à partir de 1947. Motorisé par un John Deere essence de 20,5 chevaux maximum, le tracteur reçoit un système de contrôle et de relevage hydraulique Touch-O-Matic, innovation que la concurrence va mettre beaucoup de temps à adopter.

Ci-contre : John Deere développe aussi sa propre gamme d'outils, ici une faucheuse latérale semi-portée, entraînée par la prise de force arrière.

Ce tracteur John Deere est équipé d'un cultivateur porté fixé à l'avant et à l'arrière du châssis. Fabricant d'une grande variété de matériels agricoles, la marque américaine communique dans cette publicité sur deux produits différents: outre le cultivateur porté, John Deere insiste sur le réglage avant des voies de sa gamme «40» qui remplace les séries M de 1953 à 1955.

La guerre de Corée et plus généralement la Guerre Froide imposent la création d'une armée européenne mais ce projet n'a pas de suite. L'Allemagne ne se sentant pas encore prête à disposer d'une force armée à cause de son proche passé et la France étant finalement assez réticente, c'est donc uniquement sur le plan économique que le rapprochement franco-allemand se poursuit.

Dès 1956, la firme John Deere aux couleurs verte et jaune acquiert l'Allemand Lanz et s'installe en France. C'est alors la Compagnie Continentale de Motoculture (CCM) qui diffuse les produits John Deere USA et John Deere-Lanz. Le type 500 (fabriqué en Allemagne) reçoit un moteur super-carré diesel de 42 chevaux avec boîte à dix rapports avant et trois arrière. Il est muni de trois prises de force et d'un relevage hydraulique à quatre systèmes de contrôles... Le tracteur n'est plus qualifié comme tel : il devient une «centrale d'énergie mobile»!

Lorsque la CEE naît en 1957 et que, l'année suivante, le général de Gaulle arrive au pouvoir, la Communauté Européenne est en plein essor. Mais si la France et l'Allemagne sont les locomotives de la CEE, la partie se joue désormais à six puisque l'Italie, la Belgique, le Luxembourg et les Pays-Bas l'ont intégrée. L'abaissement des tarifs douaniers et l'essor de l'économie allemande vont permettre à de nombreuses marques de tracteurs agricoles de pénétrer largement le territoire français.
D'une façon générale, les machines germaniques sont appréciées. Il faut signaler qu'avant la Seconde Guerre mondiale, la mécanisation de l'agriculture allemande était nettement plus avancée que celle de la France. Si quelques Français refusent de posséder du matériel d'outre-Rhin par pur esprit revanchard ou par anti-germanisme primaire, les considérations économiques l'emportent bien souvent. Les tracteurs Allgaier, Deutz, Fendt, Guldner, Hanomag, Lanz ou Porsche (!) seront ainsi largement exportés dans notre pays. Il faut dire que les productions d'outre-Rhin sont essentiellement motorisées par des propulseurs à huile lourde d'une fiabilité remarquable : leur finition de qualité joue aussi en leur faveur.

Dans l'histoire du machinisme agricole, on ne compte plus les engins John Deere et les inventions – dont la charrue en acier avec soc versoir – qui ont permis à l'entreprise de prospérer. Aux États-Unis, les tracteurs et les machines John Deere font partie du patrimoine industriel du continent.
En Europe, les réalisations de la firme de Moline dans l'Illinois sont très tardivement importées au compte-gouttes, avant que la marque ne s'implante finalement en France en 1956. C'est d'abord la CCM (Compagnie Continentale de Motoculture), née en 1959, qui diffuse sur le sol français à la fois les productions John Deere et Lanz.
Les premiers tracteurs portant le nom John Deere-Lanz sont ceux des séries 100 (18 chevaux), 300 (28 chevaux) et 500 (38 chevaux), des engins qui sont tous conçus en Allemagne, et que le constructeur fournit équipés de trois prises de forces.

Le tracteur du peuple

Arrêtons-nous un instant sur l'histoire de Porsche. Eh oui, le prestigieux constructeur automobile s'est aventuré avec succès sur les terres agricoles avec une série de petits tracteurs très remarqués. Ferdinand Porsche, est, faut-il le rappeler, l'inventeur de la « voiture du Peuple », la Volkswagen, née juste à la veille de la Seconde Guerre mondiale. Il œuvre pendant le conflit sur de nombreux matériels, à commencer par le char Tigre mais dès 1937, il a déjà travaillé sur un projet de « tracteur du peuple ».
Après 1945, c'est son fils Ferry qui se consacre à l'étude d'un nouveau tracteur. Pour la production en grande série, Ferry Porsche approche le constructeur Allgaier qui dispose des machines outils nécessaires.
De cette union naît en 1951 le AP 17 (Allgaier Porsche de 17 chevaux), un tracteur à moteur monocylindrique diesel vite éclipsé par le AP 22 plus puissant.
La gamme s'étend par la suite à des modèles toujours monocylindriques, mais également des bi- et des tricylindres. Ces tracteurs sont modernes avec des moteurs uniquement diesel, un relevage hydraulique, un circuit électrique complet (y compris une prise pour alimenter les feux arrière d'une éventuelle remorque et un démarreur), une prise de force, une boîte à cinq rapports avant, une voie arrière réglable, etc.
En 1957, Porsche se sépare d'Allgaier qui ne peut faire face à la demande. Près de 30 000 tracteurs ont en effet été assemblés en six ans

Avant son rapprochement avec Porsche, Allgaier construit ses propres tracteurs diesel dès le lendemain de la Seconde Guerre mondiale ; d'abord le R 18, puis le R 22 apparu en 1949. Leur moteur est un diesel quatre-temps horizontal qui a la particularité d'entraîner la transmission par trois courroies.

Soutenu par l'État allemand et les forces occupantes, Allgaier décide de produire des tracteurs en collaboration avec Porsche ; d'abord les séries AP 17 et AP 22 puis, en 1953, les A 111, A 122, A 133 et A 144.

Mais le succès est tel que la marque a du mal à suivre les cadences. Porsche va récupérer la fabrication des tracteurs et Allgaier se recentrer sur son métier initial : la tôlerie.

et Porsche se tourne vers le grand groupe industriel sidérurgique Mannesmann. Dans un premier temps, seules les appellations changent : le A de Allgaier disparaît, ne subiste plus que le P de Porsche. Le P 111 reste un petit monocylindre de 12 chevaux tandis que le P 144 atteint les 44 chevaux.
L'année suivante, la gamme est refondue, les tracteurs devenant les Junior, Standard, Super et Master. Ces versions donnent naissance à de nombreuses sous-séries. Si ces engins sont chers à l'achat, leur qualité est telle que Porsche se retrouve dans le peloton de tête des constructeurs allemands.
Pourtant, dès le début des années 1960, les ventes commencent à chuter. Le groupe Mannesmann ne suit plus. C'en est fini de l'aventure des tracteurs Porsche.

D'une façon générale, les firmes allemandes sauront mieux gérer le tournant des années 1960 que leurs homologues français, Renault excepté. En effet, si la production de Porsche s'éteint d'un coup, Deutz réussit à largement exporter ses productions vers les États-Unis, pays où les constructeurs de tracteurs locaux ont pourtant le monopole. Mieux, Deutz ira jusqu'à racheter Allis-Chalmers en 1958 et produira un des premiers tracteurs à moteur six-cylindres en ligne. Hanomag fournira des moteurs diesel au tracteur léger Pony de Massey-Harris et continuera sa production jusqu'à l'orée des années 1970.

Les gammes Standard et Junior sont lancées en 1958. Le Junior de 14 chevaux reste cantonné aux petits travaux. Le Standard, lui, voit sa puissance varier de 20 à 25 chevaux selon les modèles. Après 1960, la gamme doit encore évoluer pour rester concurrentielle mais la production cesse en 1966.

PORSCHE DIESEL
111

Le Porsche Diesel P 111 succède au A 111 développé par Allgaier.
Il s'agit du plus petit des tracteurs Porsche puisqu'il est motorisé par un simple monocylindre de 822 cm^3. À partir de ce moteur, Porsche bâtit une gamme de moteurs diesel à deux, trois ou quatre cylindres tous basés sur le 822 cm^3.

Caractéristiques PRINCIPALES

Porsche Diesel P111
1956-1958

Moteur :
monocylindre diesel refroidi par air

Cylindrée :
822 cm^3

Alésage x course :
95 x 116 mm

Puissance :
12 ch à 2 200 tr/min

Transmission :
boîte de vitesses à 5 rapports avant et 1 rapport arrière

Châssis :
ensemble autoporteur moteur-boîte-pont formant un carter unique

Freinage :
tambour à commande mécanique sur l'essieu arrière

Poids total :
900 kg

Deutz poursuit son effort au début des années 1960 avec la série « 06 ». L'allure des tracteurs est moderne. Les formes rectilignes s'affirment tandis que les quatre roues motrices deviennent une option fréquente.

Plus au nord, ce sont les tracteurs suédois Bolinder-Munktell qui font quelques apparitions sur notre sol. La firme se fait connaître avec des tracteurs d'assez grosse puissance avant la Seconde Guerre mondiale. BM est surtout connu pour ses moteurs marine mais ses tracteurs sont eux-aussi réputés. En se rapprochant de Volvo, les productions BM prennent de l'ampleur.

C'est ainsi que les BM 36/36 ou BM 55 vont se faire rapidement connaître dans l'Hexagone. Gros tracteur, grosse puissance, moteur diesel, boîte de vitesses double : tout concourt à faire de ces engins les rois des grandes exploitations où leur puissance motrice est mise à contribution pour tous les travaux : du labour au battage, été comme hiver, ce matériel acquiert une réputation justifiée de tracteur indestructible. Un « petit » 230 se joint à cette famille. Avec 33 chevaux, il est davantage destiné à la moyenne exploitation.

La gamme évolue ensuite pour devenir Volvo-BM. Les tracteurs abandonnent leur carrosserie verte avec moteur et voiles de disque

Venue du nord de l'Europe la firme suédoise Bolinder-Munktell effectue une percée. La marque fusionnera plus tard avec Volvo pour former sa division Travaux publics.

À partir de la seconde moitié des années 1960, les ramasseuses-presses (les « botteleuses ») deviennent de plus en plus indispensables. Celle-ci ramasse et conditionne les fourrages en balles de forme rectangulaire qui sont chargées directement dans une remorque attelée où un second homme les récupère à l'extrémité du tapis roulant élévateur, afin de les ranger correctement.

La liste des outils portés, semi-portés ou traînés ne cesse de s'allonger. À chaque travail son outil…

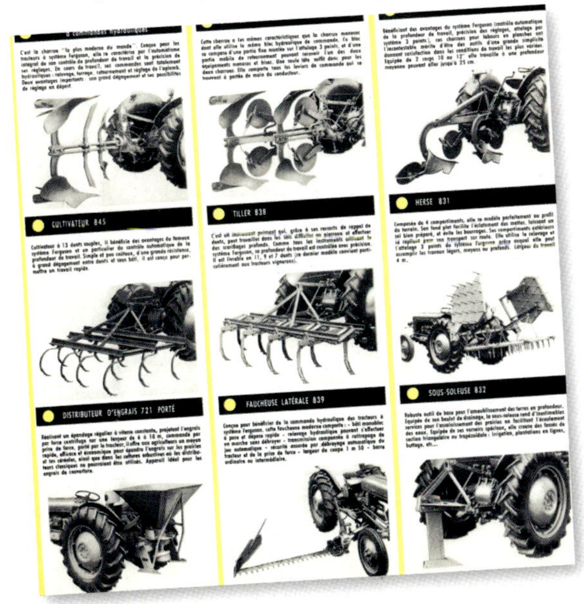

rouge pour des coloris inversés (moteur vert et ensemble châssis-carrosserie rouge) et la désignation Volvo-BM est nettement mise en avant sur les flancs des capots.

Les tracteurs les plus représentatifs de cette époque sont les 320 (31 chevaux), les 350 (60 chevaux), les 470 (73 chevaux), puis les séries T lancées en 1964 (T 400 à T 814). Avec le T 814 apparu à la fin de la décennie 1960, Volvo BM dispose d'un engin 4x4 de 136 chevaux, propulsé par un moteur six-cylindres suralimenté. Mais on passe là à la classe supérieure, celle des gros tracteurs modernes…

La moissonneuse-batteuse symbolise le grand bon en avant de la mécanisation agricole des années 1960, car ce sont au moins six ou huit travailleurs qu'elle supprime d'un coup. Cependant, la taille des exploitations s'accroissant simultanément, le temps de travail de l'agriculteur n'est pas forcément raccourci. C'est là tout le paradoxe : le paysan moderne travaille toujours autant…

Mc .O MICK
INTERNATIONAL
FABRIQUÉ EN FRANCE PAR - CIMA - PARIS - MODÈLE DÉPOSÉ

Caractéristiques PRINCIPALES

McCormick FU-265
1959-1961

Moteur :
IH FD 136, 4-cylindres en ligne diesel refroidi par eau

Cylindrée :
2 230 cm³

Alésage x course :
83,3 x 101,6 mm

Puissance :
35 ch à 2 000 tr/mln

Transmission :
boîte de vitesses à 6 rapports avant et 2 rapports arrière

Châssis :
ensemble autoporteur moteur-boîte-pont formant un carter unique

Freinage :
à disques sur les roues arrière

Poids total :
1,69 t

Le FU est une version Utility. Par rapport au Farmall, il est plus court par réduction de l'empattement (le train avant est en fait retourné). Les roues sont de diamètre inférieur. Il ressemble davantage à un tracteur vigneron alors que le Farmall est « haut sur pattes ». Cette réduction de la hauteur lui permet aussi d'être plus accessible. Et surtout, il a une force de traction supérieure.

Ce IH McCormick 523 flambant neuf porte une charrue réversible qui sort elle aussi des ateliers International Harvester. Le 523 fait partie de la génération des tracteurs «Europe», identiques pour tous les marchés. Il est fabriqué en Allemagne, à Neuss, avec des éléments provenant d'Angleterre, de France, ou d'Allemagne.

Le fruit de la mécanisation

Les années 1960 sont celles de la diésélisation presque complète du parc des machines agricoles. Le relevage hydraulique trois points a lui aussi été adopté par presque tous les constructeurs. La poulie de battage qui flanquait les tracteurs des années 1950 a disparu. Il existe en effet désormais des moissonneuses-batteuses automotrices qui se dispensent de la force motrice du tracteur. Les prises de forces sont normalisées afin de s'accommoder des nombreux outils aratoires.

Ceux-ci ont fait l'objet de maintes améliorations et se spécialisent de plus en plus : les charrues sont des butteuses pour la culture des pommes de terres, des déchaumeuses retournant superficiellement la première couche de terre, des défonceuses pour le travail profond, des décavaillonneuses pour circuler entre les ceps des vignes. Elles sont à corps pivotant hydraulique, à quart de tour ou réversibles pour verser la terre dans le même sens. Elles sont désormais multisocs, comportant jusqu'à dix versoirs afin de labourer de vastes largeurs.

Le tracteur doit naturellement être de plus en plus puissant pour offrir un effort de traction suffisant. Le système hydraulique doit désor-

Durant des décennies, les postes de conduite sont à l'air libre. Le confort s'améliore par l'usage généralisé de mousses sur les sièges qui sont de surcroît suspendus par des caoutchoucs ou des amortisseurs. L'hydraulique est aussi mise à contribution pour asservir la direction. Mais le conducteur reste à la merci des intempéries.

Les premières cabines sont de simples bâches fixées à une ossature, très inspirées des Jeep ou des camions militaires. Ces toits protègent mieux de la pluie mais restent encore rudimentaires. Ce n'est qu'à la fin des années 1960 que, des arceaux de sécurité devenant obligatoires dans certains pays, vont se développer des cabines résistantes et répondant à des normes précises.

La télévision ne fait pas que divertir, elle informe. À partir de 1959, la RTF diffuse Cinq colonnes à la Une*, un magazine qui va devenir une référence tout au long de la décennie 1960.*

Le faux bois plastifié envahit les cuisines, les tableaux de bord des voitures et les tables basses des salons. Grâce à Manufrance et son catalogue, la cuisine moderne et ses meubles intégrés deviennent enfin accessibles.

«Frigéco, ouvre-toi!». L'homme des années 1960 n'est pas l'ouvrier. Encore moins l'exploitant agricole. Non, l'homme des sixties, c'est le jeune cadre qui, le soir venu, après une dure journée de labeur au bureau, est accueilli par sa femme et son réfrigérateur qui va lui servir sa boisson fraîche préférée.

mais permettre un réglage fin des outils car lorsqu'un tracteur évolue lors d'un labour, il est bien souvent incliné, deux de ses roues circulant dans le fond de la raie mais la charrue doit quant à elle rester horizontale pour que la profondeur de travail soit régulière.
Le cultivateur rotatif, directement animé par une prise de force, permet de fendiller et d'émietter la terre rapidement, la herse rotative prépare le lit des semences et les semoirs à distribution mécanique puis pneumatique commencent à faire leur apparition dans les grandes exploitations.

Mais le tracteur reste un engin fruste. Le confort de l'agriculteur est peu pris en considération. Les cabines sont encore loin d'être généralisées. La plupart d'entre elles sont d'ailleurs produites par des firmes spécialisées puisque, hormis de rares exceptions qui se comptent sur les doigts d'une main, les constructeurs ne proposent pas ces accessoires dans leur catalogue.
L'agriculteur moderne demeure donc à la merci du froid l'hiver, de l'humidité en automne, du soleil printanier et des poussières soulevées dans les champs l'été. L'huile du circuit hydraulique, le gazole odorant et la chaleur de l'échappement font partie de son univers. Ce n'est que très tardivement, à la fin des années 1970, que l'on verra se généraliser des postes de conduite plus modernes, avec siège à suspension hydraulique ou pneumatique et air conditionné.

Et puis l'agriculteur moderne est tout de même un peu l'homme oublié des Trente Glorieuses. Il n'y a qu'à regarder les publicités de l'époque : c'est la nouvelle classe moyenne urbaine qui est la plus largement représentée. La femme active, souriante, l'homme en chemise-cravate, les enfants blonds et bien portants, toute la famille vit dans un coquet appartement ou une maison de ville.

Chacun a sa chambre, la cuisine est entièrement équipée et, dans le salon, le poste de télévision trône et diffuse à partir de 1959, *Cinq colonnes à la Une*. À partir de 1962, les plus jeunes ont le droit de regarder *Bonne nuit les petits*, une émission dans laquelle Nounours accompagne jusqu'au lit les enfants. Et lorsqu'on évoque cette France de la croissance, les images qui reviennent le plus souvent sont celle d'une France industrielle, fière de son indépendance nucléaire, de ses avions Caravelle, Mirage et Concorde, de sa Renault 16 et de ses autoroutes, de ses grands ensembles à HLM ou de ses réalisations architecturales des temps modernes comme Beaubourg.

Le monde agricole est peu représenté. Il n'a presque pas sa place dans cet univers de blouses blanches et de sténo-dactylos. Après la guerre, le monde paysan a dû investir essentiellement dans la modernisation de son outil de travail, pas dans celui de son confort. Son mode de vie évolue assez peu jusqu'en 1955. En 1946, si plus de 80 % des ruraux ont l'électricité, l'adduction en eau ne concerne qu'à peine 20 % de la population et le tout-à-l'égout que 3,5 % ! L'eau, c'est encore au puits que l'on va la chercher !

Il ne faut pas caricaturer car dans le monde paysan comme à la ville, l'équipement des foyers en télévision, réfrigérateur et machines à laver – ces trois indices du confort –

Alors que l'agroalimentaire est en plein développement, que la ferme « à l'ancienne » est montrée du doigt et que le mot d'ordre est de moderniser et de mécaniser le monde rural, les industriels de l'alimentation n'ont de cesse de présenter la campagne bucolique, idyllique, qui est en train de disparaître. C'est donc dans un champ fleuri de Normandie qu'une jeune fermière trait ses vaches et au milieu d'alpages verdoyants qu'une attendrissante famille d'éleveurs élabore ses fromages.

La revue Le Chœur *destinée aux plus jeunes, témoigne de l'emprise des Jeunesses Agricoles Catholiques (JAC) sur le monde rural de l'après-guerre. Elle est un puissant diffuseur des bénéfiques idées de modernisation et d'entraide rurale.*

L'agriculteur doit s'informer sans cesse pour rester compétitif. Simple exploitant terrien, il devient comptable, technicien... industriel. De multiples revues apparaissent après la guerre pour le conseiller.

progresse sensiblement, mais l'agriculteur des années 1950 à 1975 consomme moins que le Français des villes.

Et pourtant, le monde rural a subi en quelques années une révolution silencieuse. Plus que la disparition des petites exploitations et la montée en puissance des moyennes et des grandes, c'est surtout le rendement des terres qui a fait un bon en avant.

Hausse du rendement, mais aussi hausse du prix des terres ! Quoique, là encore, il faille pondérer. En effet, si en francs constants, le prix d'une terre de 1974 est trois fois supérieur à celui de 1950, sa valeur réelle reste identique à celle de 1914. Les crises économiques et le peu de mise en valeur de la terre entre 1939 et 1945 ont largement contribué à réduire sa valeur.

Et puis le monde rural subit durant ces années de croissance une véritable hémorragie : les villages se vident, le célibat masculin s'accroît et la population vieillit. L'exode rural n'est pas qu'un mot. Certains villages tombent littéralement en ruine, totalement désertés par une population qui préfère migrer vers les villes. Le battage, qui donnait à chaque fois lieu à une véritable fête, n'est plus qu'un lointain souvenir.

Certes, après la guerre, les Jeunesses Agricoles Catholiques (JAC) tentent à la fois d'évangéliser les campagnes et d'apporter un souffle nouveau. Certes, ces mouvements « jacistes » ont un rôle important dans la mécanisation des campagnes, se faisant les promoteurs d'une nouvelle agriculture au service du pays et portée par une population jeune et dynamique, le tout orchestré aux sons de fêtes et de défilés. À la fin des années 1960, le mouvement s'épuise. La JAC se transforme en 1965 en MRJC (Mouvement rural de jeunesse chrétienne). Ses moyens restent limités et ne peuvent lutter contre la désertification des campagnes.

Un nouveau visage

Avec le remembrement, avec l'arrivée de nouveaux matériels et de nouvelles sciences agricoles, le visage agricole français a considérablement évolué. À la fin des années 1960, les grandes cultures céréalières du Bassin parisien, du Centre et de la Picardie ont conduit à l'abandon de l'élevage bovin. À l'inverse, dans l'Ouest ou le Poitou, l'élevage s'intensifie.

La traite s'effectue désormais dans des étables modernes, avec des trayeuses automatiques qui ont relégué le seau de traite et le tabouret au rang d'objets de l'histoire. De nouvelles races bovines apparaissent. Certes, le charolais demeure la bête à viande par excellence, mais la vache Pie Noir, que l'on appelle aujourd'hui en France la Prim-Holtsein, championne de la production de lait, devient la vache à lait des années 1950. La production porcine fait un bond en avant, rendant d'ailleurs la viande de porc l'une des moins chères du marché.

Car dans les fermes, on n'élève plus un cochon, une demi-douzaine de poules et quelques vaches. On se spécialise. Les anciennes étables se vident et servent à entreposer du matériel. L'élevage industriel se fait dans des locaux bien spécifiques, véritables usines à cochons ou à volailles. Les céréales sont produites par de véritables entreprises qui collectent 1 000

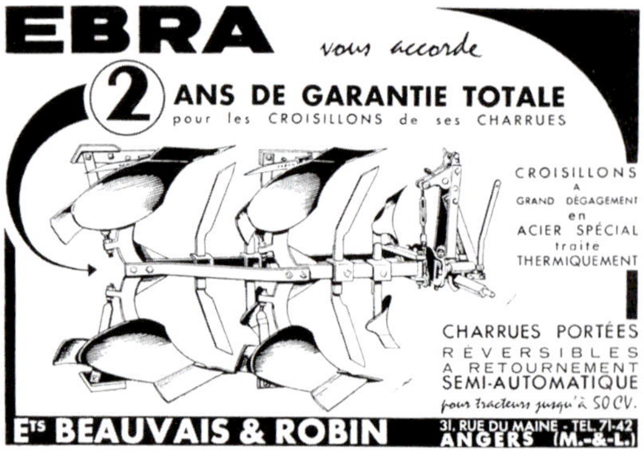

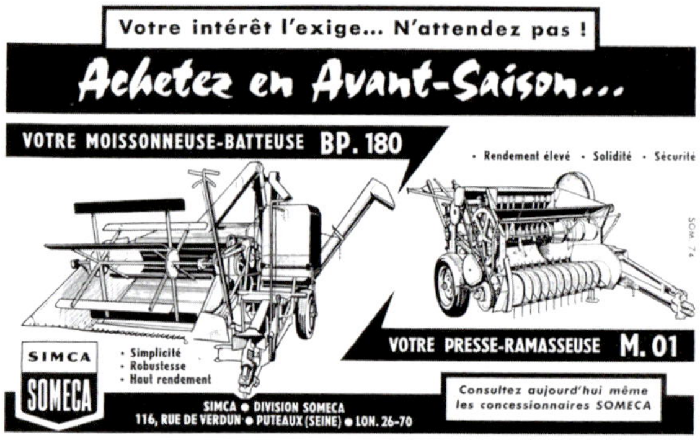

Pour être plus productif, il faut toujours plus de machines. Bonnel, Braud, Ebra, Heywang, Huard, Janus, Kuhn, Poclain, Sicoma, Viaud et tant d'autres, connaissent un certain âge d'or entre 1950 et 1965. Certains deviennent même les fournisseurs attitrés de marques de tracteurs.

Cette publicité utilise le terme «Pie Noire» par commodité, car la véritable Pie Noir (sans «e» final) d'origine bretonne est au contraire en déclin. Celle dont il est question ici n'est en fait qu'une cousine de la bretonne, issue de croisements. Souvent appelée «hollandaise», cette vache a effectivement le vent en poupe durant les années 1960 : plutôt robuste et grosse productrice de lait, sa viande est de bonne qualité.

L'intensification de l'élevage stimule une autre activité : celle de la pêche. Les farines de harengs sont par exemple très prisées pour augmenter l'apport en graisse aux bovins. Après la Seconde Guerre mondiale, ce type de pêche fait la richesse de la Norvège.

quintaux ou plus. Les années 1960 voient le développement de la moissonneuse-batteuse automotrice qui permet de se consacrer pleinement à la récolte des céréales, libérant le tracteur qui peut servir dès lors à récupérer la récolte dans une remorque et effectuer des rotations pour entreposer le blé.

De son côté, le tracteur connaît une évolution notable. Le temps du « baby tractor » est révolu. Tous les constructeurs cherchent désormais à proposer des gammes harmonisées, toutes animées par des moteurs diesel (du moins en Europe) et caractérisées aussi par de nombreuses pièces communes afin de réduire les coûts de fabrication et de gestion. Les moteurs quatre-cylindres vont céder peu à peu leur place aux six-cylindres et l'on assiste à la fin des années 1960 à l'arrivée du moteur turbocompressé. Les boîtes de vitesses passent à huit, douze ou seize rapports, le pont avant moteur fait son apparition et la direction assistée n'est presque plus un luxe.

Ce paysage typique de la région normande, avec ses champs bordés de haies où paissent des troupeaux de vaches parmi les pommiers en fleurs, tend à disparaître au cours des années 1960 et 1970. C'est que ces champs, peu accessibles aux engins agricoles, ne correspondent plus aux besoins de l'agriculture moderne.

«Belles vignes, bon vin». Tel est l'adage publicitaire de la nouvelle gamme Renault «vignes et vergers» lancée en 1969, et qui se compose de quatre petits tracteurs à moteur MWM refroidis par air. On remarque les phares encastrés, non tant pour céder aux canons du design en vigueur que pour éviter que les phares, habituellement disposés de part et d'autre de la calandre, ne viennent se prendre dans les délicates branches des vergers.

chapitre 4

Vers l'agriculture de marché

À la fin de la décennie 1960, la France rattrape définitivement son retard dans le domaine agricole. Elle est passée du stade de l'exploitation familiale purement rurale à une entreprise individuelle globalisée, qui répond aux lois du marché intérieur et, désormais, extérieur. La machine est devenue indispensable dans les champs, pour accroître la production purement végétale, mais elle s'est aussi imposée dans l'élevage. Le sol réclame désormais des engrais, des pesticides, un meilleur contrôle de l'hydrométrie et les animaux sont élevés à grands renforts de compléments nutritionnels. Le tracteur est un engin de plus en plus puissant mais aussi de plus en plus technique.

Le Massey-Ferguson 135 appartient à la génération des tracteurs du début des années 1970. Les formes sont désormais carrées, taillées à coups de serpe. Comme la plupart des modèles de cette époque, il est doté en série d'une prise de force indépendante, d'un blocage du différentiel et de freins indépendants, que l'on peut jumeler lors des déplacements sur route.

Durant les années d'expansion de l'après-guerre, l'exploitant agricole est certes moins sollicité par la publicité mais celle-ci s'adresse parfois à lui en démontrant les bienfaits d'un transistor pour se détendre lors des pauses déjeuner. Quant à madame, elle ne peut être que séduite par la révolution de la machine à laver le linge ou la vaisselle.

Le monde agricole français est peu perturbé par les mouvements contestataires de 1968. Traditionnellement, le monde paysan à l'orée des années 1970 est plutôt conservateur, ou tout du moins de droite. Depuis 1958, même si le paysan n'est pas forcément un gaulliste pur et dur, il a pu observer que la Ve République lui a apporté un certain confort, une aisance matérielle qu'il n'avait jamais connus jusque-là, et il est d'autant plus redevable aux gouvernants que ceux-ci n'ont pas nationalisé ou profondément bouleversé les structures du monde rural. Georges Pompidou déclare d'ailleurs à l'Assemblée Nationale en novembre 1965 que « Jamais aucun régime n'a fait pour l'agriculture française autant que la Ve République ».

Certes, les Cuma – ces coopératives mises en place pour acquérir des matériels – sont d'inspiration socialiste, voire communiste, et elles sont prioritaires pour l'obtention des machines, mais le système ne fonctionne à plein régime que quelques années, le temps que s'estompent les pénuries. Une fois que le mouvement n'est plus soutenu, le rôle des Cuma devient moins important.

Il n'empêche. C'est durant cette période que souffle sur la France un vent venu de l'Est. Bien que le temps des kolkhozes ne soit pas à l'ordre du jour, des tracteurs du bloc communiste arrivent sur les terres françaises.

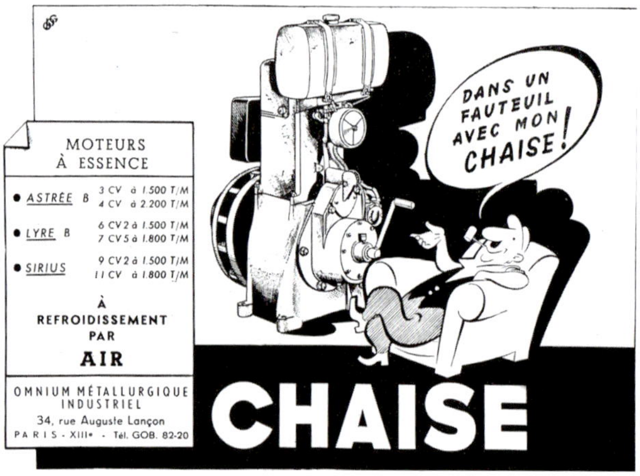

L'agriculteur consacre une grosse partie de ses revenus à l'achat de matériels qui accroîtront sa productivité. Mais il n'est pas sûr que l'acquisition d'un moteur stationnaire Chaise ou Bernard permette à notre brave paysan d'avoir plus de loisirs : le temps est à l'augmentation continue de la productivité.

Après la mort de Staline en 1953, une espèce de sovietmania s'empare des pays occidentaux, d'autant que Nikita Khrouchtchev, Monsieur K, entreprend une politique de « destalinisation » qui va permettre un certain « réchauffement » entre l'Ouest et L'Est. L'homme jouera un rôle clef dans le développement de l'agriculture soviétique et son franc parler ne laissera pas indifférent la presse occidentale qui s'interrogera sur le modèle soviétique. Le communisme serait-il un modèle économique et social viable ?

Le temps des Zetor

La firme Zetor n'est pas russe. Elle est en fait installée à Brno, dans l'actuelle République tchèque. Bien que proclamée à nouveau République en 1945, la Tchécoslovaquie tombe finalement sous le joug du pouvoir communiste en 1948. La région de Moravie, plus précisément Brno, est depuis longtemps un bassin industriel. La ville produisait ainsi de nombreuses armes très réputées, vendues sous licence, notamment à l'armée britannique.

D'une façon générale, avant la période communiste, la Tchécoslovaquie faisait preuve d'un réel dynamisme dans le monde l'automobile ou des poids lourds, avec des véhicules de renom comme Skoda ou Tatra. Les Allemands ne s'y trompent d'ailleurs pas lorsqu'ils envahissent le pays en 1939. Ils se pressent de mettre la main sur les nombreux chars de combat et sur les canons fabriqués par Skoda qui leur serviront tout au long du conflit.

Après 1945, le développement des armes n'est plus à l'ordre du jour, quoique les futurs tracteurs soient sortis de l'usine Zbrojovka de Brno, une des filiales de Skoda spécialisée dans l'armement léger. Quoi qu'il en soit, c'est vers la production de tracteurs que se tourne alors la firme. Pour trouver un nom qui soit international, on décide de baptiser le futur engin Zetor (Z pour Zbrojovka, la fin du nom étant la contraction de Tractor).

Le premier Zetor de série date de 1946. Il s'agit du modèle 25 à moteur bicylindre. Dès le début, le tracteur fait preuve d'une belle fiabilité. À cette époque, l'engin apparaît comme la réponse soviétique aux Farmall et autre Pony Harris du Plan Marshall. Comme le bloc soviétique répond à ce plan d'aide américain par un plan d'aide aux pays alliés du communisme – le Comecon –, le Zetor sera l'arme de la mécanisation des campagnes de l'Est, mais pas seulement !

De fait, l'engin se présente tellement bien qu'il est décidé de largement l'exporter en Occident, ce qui ne peut que contribuer à faire rentrer

En France, la diffusion des tracteurs Zetor est assurée par la société Interagra de Toulouse, entreprise fondée par Jean-Baptiste Doumeng, un paysan résolument communiste qui a fait fortune dans l'agro-alimentaire.

La gamme Zetor de la fin des années 1960 (série 1) comporte des modèles comme le 3511 (ci-contre) et le 4511 (ci-dessous) de respectivement 41 et 53 chevaux. Ils sont dotées de moteurs diesel à injection directe et d'un relevage hydraulique Zetormatic assez performant. Ces tracteurs garantis un an pièces et main d'œuvre valent de 20 à 30% moins cher que leurs homologues occidentaux.

des devises. Le 25 et ses dérivés 25A et 25K seront ainsi assemblés jusqu'en 1961 à près de 158 570 exemplaires dont presque deux tiers sont exportés dans les pays frères (Cuba, pays d'Europe centrale, Inde, Irak, Égypte…) et aussi la France. C'est le « milliardaire rouge » Jean Baptise Doumeng qui se charge de le diffuser via une société d'importation dénommée SEAV, une filiale d'Interagra, le grand groupe qu'il a bâti.

En attendant, à partir de 1955, le Zetor 25 est rejoint par un grand frère, le Zetor Super 35 à moteur quatre-cylindres diesel qui donne ensuite naissance au Super 50, largement diffusé en France sous le nom de Super 550. Bien équipé (avec cabine munie d'un arceau de sécurité en option), solide et puissant, le 550 est aussi proposé à un tarif très « agressif », ce qui lui vaut un certain succès. Son quatre-

La firme Zetor n'est pas russe mais tchèque. Elle produit toujours des tracteurs et une filiale française a même été crée en 2004. Durant les années 1980, alors que près de 50 000 Zetor ont déjà trouvé acquéreur en France, la gamme série 10 est lancée. Elle se compose de modèles à deux ou quatre roues motrices, toujours aussi bien équipés mais conservant cependant des freins à tambours d'un autre âge.

Les tracteurs Avto MTZ sont quant à eux 100% soviétiques, natifs de Minsk (MTZ signifie «Minskii Traktornyii Zavod», soit «Usine de tracteurs de Minsk»). Avto est plus connue en France sous le nom de sa marque automobile Lada. La gamme comporte plusieurs modèles se singularisant par leur demi-châssis : un berceau avant porte le moteur tandis que le reste du châssis est constitué par un bloc boîte-pont arrière.

cylindres de 4160 cm^3 développe 58 chevaux à 1650 tr/min, un régime faible, et la transmission comporte huit vitesses avant et deux arrière. Il ne possède qu'une prise de force et une poulie de battage ; ses freins à ruban commencent à dater, mais vu le prix de la machine, vendue neuve parfois 40 % moins chère qu'un 55 chevaux européen ou américain, certains agriculteurs n'hésitent pas…

Zetor ne s'arrête pas en si bon chemin (la marque existe d'ailleurs toujours) : au début des années 1970, Zetor lance le 6711 avec un quatre-cylindres à injection directe de 70 chevaux et transmission à dix rapports (une gamme basse et une gamme haute), et avec un amplificateur de couple à commande pneumatique permettant au final d'obtenir vingt rapports de boîte ! Le Zetor se paye même le luxe d'une cabine à grands vitrages securit et conditionnement d'air, et qui offre, en plus, une place passager derrière le siège conducteur.

Les années 1960 sont marquées par une lutte entre Américains et Soviétiques pour la conquête d'un nouveau territoire : d'abord l'espace, puis la Lune. Les Russes remportent la première manche avec l'envoi de Youri Gagarine, mais ce sont les Américains qui seront les premiers sur la Lune, en 1969.

Le Zetor 2511 est propulsé par un moteur bicylindre à culasse séparée. Toute cette gamme Zetor est du reste motorisée par des mécaniques à culasse séparée présentant le même alésage x course de 95 x 110 mm. Pour modifier les niveaux de puissance, on se contente d'ajouter ou de retirer un cylindre. Ainsi le 3511 est-il un 3-cylindres, et le 4511 un 4-cylindres.

Caractéristiques PRINCIPALES

Zetor 2511
1967-1971

Moteur :
Zetor, bicylindre diesel refroidi par eau

Cylindrée :
1 600 cm^3

Alésage x course :
95 x 110 mm

Puissance :
à la barre : 23 ch
à 2 000 tr/min

Transmission :
boîte de vitesses
à 10 rapports avant
et 2 rapports arrière

Châssis :
ensemble moteur-boîte-pont
à carter unique à l'arrière

Freinage :
tambours à commande
hydraulique

Poids total :
1,340 t

Entre les années 1950 et les années 1960, les produits prennent des couleurs. Au classique «petit suisse» en noir et blanc succède le coloré Gervais à la framboise.

À l'heure de l'agroalimentaire

Le temps semble s'accélérer. Tout est en mouvement. En 1961, John Fitzgerald Kennedy promet la lune aux Américains. Le 21 juillet 1969, c'est effectivement un Américain, Neil Armstrong, qui marche sur le sol lunaire. Le Concorde s'envole, le général de Gaulle quitte le pouvoir et les halles de Paris déménagent à Rungis.

Quant à la production agricole, elle est perçue dès les années 1960 comme l'un des moteurs de l'économie nationale car, en exportant largement, elle doit permettre d'acheter des matières premières qui font défaut. Cette politique explique l'accélération de la mécanisation des campagnes et le très rapide accroissement de la productivité.

Dans le même temps, la campagne, en se dotant de matériels et d'équipements de plus en plus performants (et qu'il faut sans cesse renouveler), devient un débouché pour toute une industrie. En 1971, la construction de machines agricoles emploie 45 000 personnes.

Les chiffres de l'époque montrent que, s'il existe encore beaucoup de constructeurs (nous parlons ici aussi des constructeurs de charrues ou de remorques), seuls six grands s'accaparent plus de 50 % du chiffre d'affaires. Dans le domaine du tracteur même, six constructeurs assurent 95 % de la fourniture des 75 000 à 80 000 engins commercialisés tous les ans.

Le tracteur n'est plus seulement un simple engin voué à la traction de charrues ou de déchaumeuses. Il est encore moins un auxiliaire de la machine à battre les moissons. La poulie de battage qui flanque son châssis est de moins en moins utile depuis que les moissonneuses-batteuses automotrices se sont généralisées. Les tracteurs – qui finissent d'ailleurs par perdre cette poulie – remplissent de nouvelles fonctions : fertilisation des champs, épandage des engrais, creusement des fossés d'irrigation.

Les nombreux constructeurs de machines agricoles que compte la France disparaissent durant les années 1960. Certains sont rachetés par plus gros qu'eux tandis que d'autres cessent purement et simplement leur activité.

Dans le même temps, afin d'accroître la productivité, il devient nécessaire d'accélérer le travail, d'effectuer des travaux de sols de natures différentes et d'augmenter, par exemple, la profondeur du labour. Cela nécessite des tracteurs plus puissants. Les 25 à 35 chevaux – qui sont encore presque la norme au milieu des années 1960 – ne suffisent plus. C'est un peu la course entre l'obus et la cuirasse.

Jusqu'à la fin des années 1950, pour désigner la puissance d'un tracteur, on parlait d'un « deux socs », sous-entendu que la force de traction de l'engin lui permettait de s'accommoder d'une charrue à deux socs. À la fin des années 1960, les charrues de six à huit corps avec un soc allant jusqu'à 16 pouces (41 cm) sont communes. Elles sont le plus souvent équipées de châssis poutre à élongation, ce qui permet de transformer cet outil aratoire en charrue trisoc ou quadri-socs.

De telles machines ne peuvent être utilisées qu'avec des puissances de 80 à 100 chevaux. Les constructeurs améliorent donc sans cesse leurs modèles mais évidemment, les concepteurs de charrues aussi. Plus lourdes, avec davantage de socs, elles vont naturellement nécessiter encore plus de puissance : on verra donc la barre mythique des 100 chevaux être rapidement franchie.

Fiat est, dès les années 1960, un groupe très imposant qui, outre l'automobile, étend son champ d'activité aux véhicules industriels et à l'aviation, en passant par le tracteur.

Après avoir fusionné avec Lanz, John Deere s'installe à Manheim, en Allemagne, pour conquérir le marché européen. Il existe aussi une usine en France à Saran, dans le Loiret, qui produit depuis 1965 des moteurs ensuite expédiés en Allemagne.

La série des tracteurs Fendt Favorit fait ses début en 1958. Elle constitue longtemps le haut de gamme du constructeur. Le Favorit 4S visible ici date de 1969, une belle machine de 100 chevaux à moteur 6-cylindres qui est disponible en deux ou quatre roues motrices.

Les charrues réversibles sont de plus en plus utilisées durant les années 1960. Limitées à deux ou trois socs, elles atteindront les quatre ou cinq socs avant la fin de la décennie.

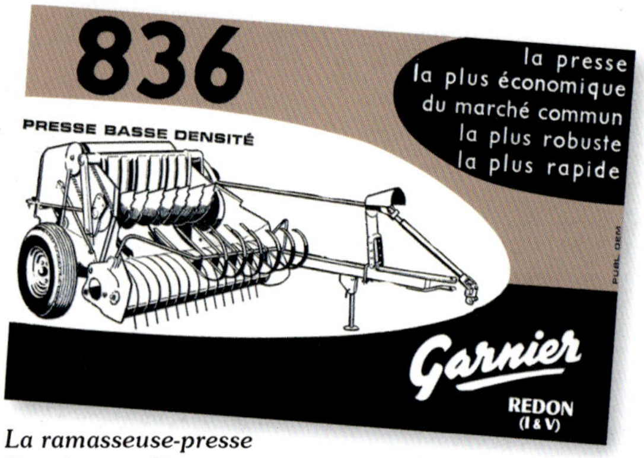

La ramasseuse-presse Garnier, attelée au tracteur et entraînée par la prise de force, est une des presse les plus diffusées dans les campagnes françaises.

La reine des grandes exploitations céréalières est désormais la moissonneuse-batteuse automotrice. Connue pour ses tracteurs à boules chaudes, la société française de Vierzon tente une percée sur ce marché, mais se heurte à de redoutables concurrents nord-américains. D'abord propulsé par un moteur Berliet, l'engin acquiert ensuite un V8 Ford.

Signe des temps, la mondialisation fait irruption chez International Harvester. La marque est présente dans une grosse partie de l'Europe, surtout en Grande-Bretagne, en Allemagne et en France, mais chaque filiale conçoit des modèles adaptés à son propre pays. En 1961, la CIMA laisse sa place à International Harvester France et, trois ans plus tard, tous les modèles européens sont harmonisés – la France se contente de concevoir uniquement des transmissions. Les modèles réceptionnés en France sont en fait assemblés outre-Rhin, à Neuss.

Il s'agit de tracteurs à l'allure moderne, d'un design franchement rectiligne. Ils sont nettement plus massifs qu'auparavant et bénéficient de moteurs six-cylindres et de boîtes de vitesses à amplificateur de couple offrant seize rapports. Comme il est d'usage à l'époque dans le monde du poids lourd, IH se tourne vers la suralimentation par turbocompresseur pour augmenter la puissance et le couple. D'ailleurs, le turbo sera généralisé à une grande partie de la gamme.

Les nouveaux Farmall sont dénommés 706 (89 chevaux SAE) et 806 (110 chevaux SAE) mais ils sont référencés 716 et 816 en France, la marque sochalienne Peugeot ayant déposé tous les noms à trois chiffres avec un zéro central.

Ce Farmall annonce une nouvelle génération de tracteurs. Baptisé 806 aux États-Unis, il est appelé 816 en France, le « 0 » central ayant été déposé par la marque automobile Peugeot.

Les engins commercialisés en France font sensation à cause de leur puissance, mais celle-ci est peu utile car les engins n'ont pas de transmission intégrale sur les quatre roues. Elle existe pourtant au catalogue mais pas sur les modèles importés en France, du moins dans un premier temps. En 1965, IH fait à nouveau sensation avec un 1206 à moteur turbo qui donne 100 « vrais » chevaux.

Rappelons que les chevaux SAE sont ceux des normes américaines de la SAE (Society of Automotive Engineers) et qu'ils expriment des chevaux « bruts », sans les accessoires (ventilateur, alternateur...), qui « consomment » une partie de la puissance. En conséquence de quoi, les 110 chevaux annoncés en 1964 par le 806 ne représentaient plus que 85 chevaux « réels » à la barre. On considère que les chevaux SAE sont environ 7 à 9 % supérieurs aux chevaux DIN. Mais en fait, c'est la puissance au crochet, celle qui est véritablement disponible, qui importe. Cette puissance peut varier en fonction de l'état du sol. Si un tracteur a tendance à patiner en tirant

Au fil du temps, les logos et les appellations évoluent. Il est vrai que le Farmall n'est qu'un type de tracteur, pas une marque. Entre McCormick, Deering et Farmall, l'acheteur a un peu de mal à comprendre qui fait quoi, d'autant que son bon de commande est orné des lettres IH.... Finalement, les labels McCormick et Deering disparaissent peu à peu pour les simples lettres IH. Quand à l'appellation Farmall, elle sera supprimée en 1975.

« Qualité et service », telle est la devise d'International Harvester en France. Il est vrai que la marque a toujours particulièrement soigné ses clients et a su rester attentive à leurs besoins.

Pour l'année 1966, les nouveaux tracteurs International Harvester sont ceux de la gamme « Europe » ou « Marché Commun » car tous les tracteurs sont désormais de conception unique pour l'Europe entière. Presque tout sur cette gamme est d'ailleurs nouveau. Le 624 est un tracteur de 61 chevaux qui peut recevoir une cabine conçue par IH.

L'International Harvester 523 fait lui aussi partie de la nouvelle gamme « Europe ». Conçu sur le même principe que le 624, ses 52 chevaux sont délivrés par un 3-cylindres à injection directe, alors que le 624 a droit à un 4-cylindres.

une charrue, une grosse partie de la puissance est alors perdue par le phénomène de glissement. En conséquence de quoi, les 110 chevaux SAE originaux ne sont plus qu'à peine une cinquantaine « au crochet ».

En 1967, les 716 et 816 sont remplacés par des versions encore plus puissantes, les 756 et les 856 qui atteignent respectivement 101 chevaux (toujours SAE) et 125 chevaux SAE. Puis c'est le temps de l'escalade à la puissance avec le 1066 turbo (150 chevaux), le 1466 turbo (168 chevaux).

Sur cet IH 433-SA, il est possible d'opter pour un cadre de sécurité (un arceau double) muni ou non d'un toit, ou pour une cabine complète métallique avec pare-brise teinté, elle aussi homologuée en cas de retournement.

Le 946 est un puissant tracteur construit de 1971 à 1977. Il est animé par un moteur IH D-310, un 6-cylindres commun à des moissonneuses-batteuses et des camions de la marque. Ce 6-cylindres de 5073 cm³ développe 90 chevaux. La boîte de vitesses autorise douze rapports mais un réducteur de vitesses supplémentaire donne la possibilité, si besoin est, d'obtenir au total seize rapports avant et sept rapports arrière. Le 946 existe aussi en version à quatre roues motrices.

Un autre type de tracteur fait aussi son entrée en scène, il s'agit du 4166 (avec le même moteur que le 1466) à quatre roues motrices, un engin pour le moins imposant avec sa cabine fermée centrale et ses roues de même taille. Pour la marque, c'est aussi un peu la fin d'une époque car, à l'aube de l'année 1975, le nom Farmall, apparu en 1935, disparaît des flancs des capots. Seul subsiste désormais le nom International Harvester sur les gammes hautes 644, 744 et 844 et basses 433, 533 et 633. En 1985, International fusionne avec Case. Une grande page de la machine agricole vient d'être tournée.

Appréciés aux États-Unis mais moins diffusés en France, les gros tracteurs articulés, comme ce 4366 de 210 chevaux, sont directement importés des États-Unis. La puissance de tels engins les rendent aptes aux travaux les plus lourds, mais leur prix élevé et leur taille sont un handicap.

RENAULT 751

Caractéristiques PRINCIPALES

Renault 751
1973-1980

Moteur :
MWM-D 226, 4-cylindres diesel refroidi par eau

Cylindrée :
4 152 cm^3

Alésage x course :
105 x 120 mm

Puissance :
à la barre : 82 ch (DIN) à 2 350 tr/min

Transmission :
boîte de vitesses à 12 rapports avant et 12 rapports arrière

Châssis :
ensemble moteur-boîte-pont à carter unique à l'arrière

Freinage :
à disque à expansion sur les demi-arbres du différentiel

Poids total :
2,995 t

À partir de 1969, Renault renouvelle une fois de plus sa gamme. La Régie nationale se convertit elle aussi définitivement aux lignes « carrées ». Le 751 apparaît quant à lui à la fin de l'année 1973. À cette date, le constructeur français dispose d'une gamme très étendue. Le 751 de série possède une cabine de sécurité absente ici.

Dans un cadre champêtre, à l'heure de la pause, un Renault Super 7D laisse refroidir son diesel à 3-cylindres en ligne de 46 chevaux. À moins que ce ne soit un 4-cylindres essence de 35 chevaux, puisque le 7D était proposé avec deux types de motorisation. La version essence fera un flop : 196 exemplaires seulement seront assemblés (contre 4 440 modèles diesel).

Des Renault à la pointe du progrès

Renault lance de son côté au début des années 1960 une nouvelle série de tracteurs, les Super. C'est que la concurrence de la Someca et des autres commence à se faire sentir.

Il s'agit essentiellement d'une gamme de moyenne puissance de 30 à 45 chevaux. Officiellement, c'est le Super 7 qui apparaît le premier, avant que la gamme ne soit complétée vers le bas successivement par les Super 5 (1962), les Super 4 (1963), les Super 3 et Super 6 (1964) et les Super 2 (fin 1966). À partir de 1966, on note l'apparition dans cette série de 4 x 4 au sein des Super 5D, Super 6D et Super 7D. Le moins que l'on puisse dire, c'est que leur succès est grandement limité. Les ventes du Super 5D se borneront en effet à 22 exemplaires !

L'année 1963 voit le lancement du 385, plus connu ensuite sous le nom de Master. Avec ses 55 chevaux refroidis par air, sa boîte à dix rapports, ses freins à disques hydrodynamiques, c'est un engin prometteur. Il est même proposé en 1966 en une version travaux publics, le Master 1 TP et en 4 x 4. La version Master 2 est commercialisée quelques mois après le Master 1, s'en distinguant par sa motorisation d'origine italienne puisque le moteur retenu est un Alfa Romeo refroidi par eau.

À l'époque, La Régie nationale des usines Renault a en effet passé un accord de coopération industrielle avec la marque italienne. On verra d'ailleurs des berlines Dauphine assemblées dans l'usine Alfa Romeo de Portello près de Milan et des moteurs Alfa Romeo sous les capots des camionnettes légères Renault ou

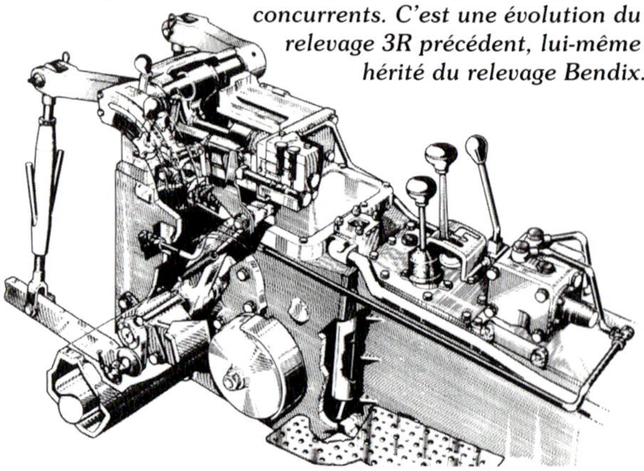

Le système Tracto-Control est directement intégré à la transmission. Il permet de contrôler les vérins de traction du relevage trois points, et donc d'agir sur les outils en fonction des besoins, comme le font les systèmes concurrents. C'est une évolution du relevage 3R précédent, lui-même hérité du relevage Bendix.

des tracteurs. Mais le Master connaît des problèmes de mise au point à cause d'un système hydraulique quelque peu capricieux.

Tout va alors très vite à la Régie. Pour corriger le tir, et aussi pour contrecarrer la concurrence, une nouvelle gamme est à nouveau lancée en 1967. Ce seront les séries 86 et 88. Cette fois, l'allure des engins est nettement plus moderne avec leurs calandres biseautées en deux parties et leurs lignes tendues. Les phares sont très vite intégrés à la calandre. Le 88 délivre 55 chevaux à 2 500 tr/min avec le moteur Alfa tandis que le 86 conserve un moteur MVM refroidi par air de puissance identique. En fait, ce type de motorisation est bien connu des habitués des tracteurs Renault. Ceci explique en partie que le 86 se vend mieux que le 88.

La nouvelle gamme haute et basse Renault qui tient le haut de l'affiche en 1968 se reconnaît facilement à ses formes anguleuses. Au sein de cette série, on trouve le 56 de 46 chevaux, un tracteur intégré à la gamme basse. Il va connaître un grand succès jusqu'en 1973.

À partir de la décennie 1970, il en va des tracteurs comme de la multiplications des pains. Les gammes s'élargissent considérablement. Ce phénomène s'observe d'ailleurs aussi dans l'automobile où les niveaux de finition ou les motorisations, sans compter les options, permettent de proposer au client un modèle presque unique.

Renault est omniprésent tout au long des Trente Glorieuses. On peut même dire que les gammes se renouvellent aussi vite que dans le secteur automobile. On voit ici les types 50, 60, 70 et 80, des petits tracteurs « vignes et vergers », réunis à la fin des années 1960.

Avec leurs calandres aérodynamiques, les Renault de la fin des années 1960 sont très reconnaissables. Ce dessin de carrosserie, essentiellement inauguré par le 88, en 1967, sera conservé jusque vers 1973.

Renault annonce la sortie en 1968 d'un 456 à quatre roues motrices, puis des séries 53 et 58. Les formes carrées s'imposent définitivement avec le lancement du 751, complété par les séries 94 et 96. En 1972, si la gamme est amputée de trois types de tracteurs (le 88, le 55 et le 82), Renault propose un éventail de vingt engins de 30 à 90 chevaux, avec des moteurs refroidis par air ou par eau. Ces gammes sont renouvelées par tranches : la gamme basse puis la gamme haute, ou l'inverse…

La division machine agricole (DMA) de Renault immatricule 8 807 véhicules en 1972, encore 9 393 l'année suivante et même 13 343 en 1976. Une remontée assez spectaculaire qui permet au constructeur français d'accéder à la première marche du podium. Décidemment, la crise ne semble pas avoir de répercussion sur les machines agricoles…

Enfin, pas tout à fait. Certains constructeurs comme Renault ou International Harvester, qui se disputent la première place, semblent insensibles à la crise mais en fait, d'une façon générale, on assiste à une baisse des ventes vers 1975. Les années 1968 (76 667 immatriculations) et 1969 (77 997 immatriculations) ont été des années fastes. Les ventes baissent ensuite puis rebondissent en 1973 avant de stagner.

Le marché arrive en effet à une forme de saturation. Les exploitations sont moins nombreuses et donc, fort logiquement, le besoin en tracteurs suit le mouvement. Toutefois, les grandes exploitations ont souvent besoin de plusieurs machines agricoles.

Si l'on s'en tient à l'aspect mécanisation des terres, le tracteur est désormais devenu en effet indispensable. À part une poignée de réfractaires qui pratiquent une agriculture raisonnée (le « bio » n'est pas à la mode en ces années 1970 et les défenseurs de la nature sont plus

Le 851-4 à quatre roues motrices apparaît en 1974. Fort de ses 85 chevaux et de ses seize rapports de boîte, il est parfaitement à l'aise en tout-terrain. Sa diffusion atteindra un peu moins de 2 500 exemplaires jusqu'en 1980. Renault continue à renouveler ses gammes tout au long des seventies mais ses moteurs ont du mal à franchir le cap des 100 chevaux. Ce qui n'est pas forcément un désavantage, car une telle cavalerie n'est utile que si les transmissions et les outils peuvent la supporter, et surtout l'exploiter.

souvent considérés comme des hippies plutôt que comme une force politique réelle), on peut dire que 95 % des exploitations possèdent au moins un tracteur agricole. Certaines en possèdent même plusieurs.

Les engins de plus de 100 chevaux sont voués au travail de la terre et l'on conserve parfois un ancien engin pour quelques travaux de remorquage, de fauchage ou d'entretien de la ferme. On en arrive à des constats étonnants : il y a dans certaines exploitations plus de tracteurs que de bras humains ! Afin de rendre la machine rapidement opérationnelle, certains agriculteurs investissent dans plusieurs tracteurs qui conservent chacun un outil spécifique, ceci afin d'éviter les fastidieux montages et démontages des outils en question.

La Someca – qui s'apelle désormais Fiat-Someca – reste un concurrent redoutable. Le 1300 Super annonce en effet 145 chevaux à 2 400 tr/min avec une cylindrée frôlant 7,5 litres, et la capacité de son relevage hydraulique avoisine 6 tonnes. Nous sommes là en présence d'un gros, très gros tracteur....

L'escalade à la puissance

Les tracteurs deviennent inexorablement de plus en plus puissants. En 1962, la puissance moyenne tournait autour de 30 chevaux. Cinq années plus tard, elle est de l'ordre de 45 chevaux. En 1971 est franchie la barre des 65 chevaux et en 1973, la puissance moyenne s'établit aux alentours de 80 chevaux. Après 1975, les tracteurs de 100 chevaux seront communs.

Dans l'absolu, il n'est pas très compliqué de réaliser un moteur de 100 chevaux ou plus. Mais dans un tracteur, on est confronté à un problème lié aux transmissions. Car il faut faire passer la cavalerie jusqu'aux roues et c'est bien là toute la difficulté… Les transmissions ne suivent pas toujours. Sous l'effort, les tracteurs n'ont pas toujours assez d'adhérence pour permettre de tirer parti des chevaux. Et il faudra finalement intercaler de nombreuses assistances hydrauliques capables d'absorber et de restituer quand il le faut tout le couple nécessaire.

Les amplificateurs de couple (qui facilitent l'arrachage au démarrage), les réductions supplémentaires, les différentiels, les embrayages hydrauliques ou les inverseurs de marche (qui permettent de changer de sens sans débrayer) vont donc se perfectionner et se généraliser : les systèmes s'appellent Dyna-Life chez International Harvester, Power Shift chez John Deere, Dual Power chez Ford ou encore Zetor Power chez Zetor.

Dans le domaine des grosses puissances, John Deere fait une belle percée. Après les séries 10, il y a la série des 20 : les 3020, 4020 et 5020), les deux derniers animés par des six-cylindres de respectivement 106 et 143 chevaux.

Le John Deere 4020 est l'un des fleurons de la marque américaine en 1968. Il fait partie de la nouvelle série des 20 introduite dès 1964. Le moteur est un 6-cylindres de 105 chevaux pour 6,6 litres ayant la réputation d'être assez énergique. Aux États-Unis, il a même existé un modèle à essence – plutôt gourmand…

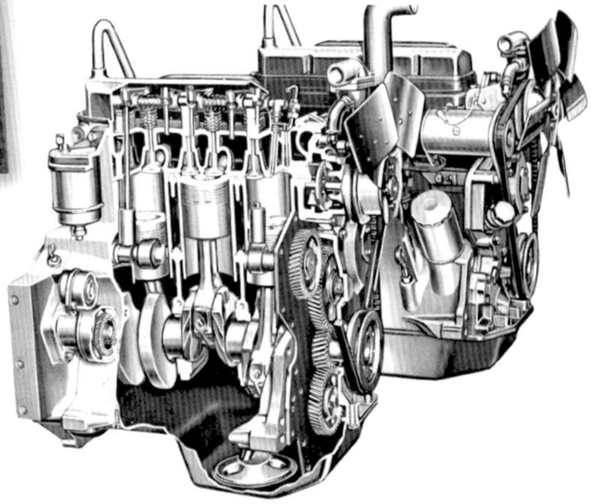

À la fin des années 1960 John Deere produit des moteurs à trois, quatre et six cylindres qui sont reconnus pour leur importante réserve de couple. Les 4-cylindres ont la particularité d'être équipés de contre-arbres d'équilibrage tournant dans le sens inverse du vilebrequin afin de limiter les vibrations. Comme dans la plupart des moteurs de véhicules industriels, tous les organes mécaniques (distribution, pompe à eau, à huile, etc.) sont entraînés à l'avant par des pignons.

JOHN DEERE

À partir de 1973, la série 20 cède la place à la série 30. Voici deux de ces nouveaux modèles, le 2030 de 68 chevaux et le 2130 de 75 chevaux. Ce dernier peut recevoir des roues avant motrices avec traction hydrostatique : c'est l'énergie hydraulique qui entraîne alors les roues, le tracteur conservant ainsi la même garde au sol qu'un modèle à deux roues motrices. Le 2130 a aussi droit, en option, au système Hi-Lo qui assure un changement de rapport de boîte sans débrayage.

La marque au cerf engendre de bons résultats en France. En 1972, lorsque les séries 20 cessent d'être fabriquées, elle représente 5 % des immatriculations avec 3 578 unités. Lorsque les nouveaux 3030, 4030 et 5030 font leur apparition, John Deere augmente le nombre de ses immatriculations qui passent à 4 706 tracteurs, soit 6,5 % du marché. Mais ce qui est plus important, c'est que la firme s'accapare à la même date plus de 16 % des immatriculations des tracteurs de plus de 80 chevaux. La France importera aussi quelques 4630, un tracteur six-cylindres de 6 620 cm^3 qui est non seulement suralimenté mais aussi doté d'un refroidissement de l'air d'admission, ceci afin de mieux « gaver » le moteur en air frais. Ainsi équipé, le 4630 atteint les 166 chevaux. Décidemment, on commence à se demander jusqu'où les constructeurs iront !

Produit durant un an seulement, de 1971 à 1972, dans l'usine américaine et non pas en Allemagne, le 4320 est un « super 4020 » avec un moteur 6-cylindres suralimenté. Il revendique presque 117 chevaux.

À son tour, Ford remanie ses tracteurs en présentant la série 1000 vers le milieu des années 1960. Avec une nouvelle carrosserie bleue et blanche, cette série comporte quatre modèles : le 2000 (aussi appelé Dexta), le 3000 (Super Dexta), le 4000 (Major) et le 5000 (Super Major). Cette gamme homogène permet à la marque de revenir au premier plan en Europe où elle vient d'achever une grande usine, à Anvers, en Belgique.

Ford revient d'ailleurs en force. S'il est un secteur que la vieille firme américaine ne souhaite pas abandonner, c'est bien celle de la production de tracteurs agricoles.
Au milieu des années 1960, Ford passe la vitesse supérieure. Le premier nouveau tracteur est le Ford 2000, suivi logiquement des 3000, 4000 et 5000. Selon les marchés et les sous-modèles, il y aura aussi des sous-variantes (2110, 4110, 5500). En 1971, le 7000 à moteur turbocompressé fait une arrivée remarquée. Il dispose du même moteur quatre-cylindres de 4 195 cm³ qui équipe le 5000 mais sa puissance est de 90 chevaux (contre 75 chevaux pour le 5000).
Chose bizarre, il existe un tracteur de puissance équivalente, le 5095, mais celui-ci est propulsé par un six-cylindres. En fait, la technique du

La mécanique du Ford 5000 Super Major est celle du Super Dexta (même alésage x course) mais avec un cylindre en plus.

Le 4-cylindres diesel développe en 1965 quelques 64 chevaux. Ce tracteur possède des voies réglables à l'avant comme à l'arrière, une direction assistée, un relevage hydraulique Qualitrol et Contrôle de position, ainsi qu'une prise de force indépendante avec des régimes de 540 à 1 900 tr/min.

À partir de la fin de la décennie 1960, la gamme évolue avec quelques retouches esthétiques comme l'intégration des phares à la calandre et des ailes au profil plat. Le 3055 est une évolution du Super Dexta mais son moteur est différent (la course est augmentée).

turbocompresseur (encore sujet à des casses) n'a pas encore conquis tous les utilisateurs et certains – plus prudents – préfèrent un moteur atmosphérique. Ford propose donc deux tracteurs de même puissance mais avec des motorisations différentes.

En France, la marque est à cette époque le premier importateur de tracteurs agricoles avec un total de 6 285 engins (sur les 28 600 que le pays importe) et, en 1973, ce n'est pas la crise pétrolière qui touche la marque, mais des grèves à répétition en Grande-Bretagne et dans l'usine d'Anvers où sont assemblés les Ford, qui font chuter les ventes.

TRACTEURS Ford INSTRUMENTS

À l'image de ce 6700 lancé à partir de 1975, Ford choisit d'améliorer le confort du conducteur en proposant une cabine fonctionnelle intégrée avec pas moins de onze panneaux vitrés. Cette cabine fut aussi étendue au reste de la gamme. Sur les modèles destinés à l'Europe, les phares – visibles ici à l'avant de la cabine – étaient reportés à l'avant de la calandre.

La série 100 de Massey-Ferguson est une indéniable réussite. Les nouveaux tracteurs rouge et gris métal débutent leur carrière en 1964. Les puissances vont de 24 chevaux pour le MF 122 à 68 chevaux pour le MF 175. Tous les moteurs sont alors des Perkins diesel.

Massey-Ferguson s'est de son côté durablement installé en France, dans ses deux unités de Beauvais et de Marquette-les-Lille. L'année 1965 voit l'arrivée de la gamme 100 qui comporte rien moins que sept nouveaux modèles. Cette gamme va par la suite évoluer pour donner naissance à d'autres séries. En 1976 apparaissent en France les 200.

Deutz a de son côté lancé en 1970 un tracteur de 160 chevaux mais lors de la commerciali-

Ce tracteur articulé est un MF 1250. En France, ce type d'engins est peu utilisé dans des applications agricoles. En revanche, il trouve preneur auprès d'entreprises de débardage comme tracteur forestier.

MASSEY-FERGUSON

Le MF 165 Mk III est une évolution du MF 165. Le moteur Perkins est un peu plus puissant (62 chevaux contre 59) et génère davantage de couple (23,9 M/kg à 1 300 tr/min contre 22,6 m/kg au même régime) mais surtout, le tracteur reçoit une boîte à huit rapports avant (au lieu de six) et des pneumatiques plus gros.

sation du 130-06, la puissance retenue n'est plus que de 120 chevaux. Le moteur est un six-cylindres turbocompressé refroidi par air, une technique très usitée chez Deutz qui est aussi et avant tout un constructeur de moteurs réputé.
Si les puissances sont en hausse constante, on remarque que les système de levage se perfectionnent eux aussi. Des vérins auxiliaires permettent des capacités de levage qui vont de 1 500 à 4 000 kg. Ford développe le système Load Monitor qui permet de contrôler hydrauliquement les réactions du troisième point de levage et des barres d'attelages. Tous les outils, même ceux qui ne sont que traînés ou semi-portés, peuvent désormais être contrôlés.

La série 200 est introduite sur le marché en 1976. Toujours plus de puissance, toujours plus de confort, toujours plus de sécurité...

À gauche : la plupart des constructeurs proposent dès le milieu des années 1960 une transmission aux roues avant optionnelle. Cela permet naturellement d'améliorer l'adhérence en terrains difficiles.
À droite : le relevage hydraulique trois points, mis au point par Ferguson, est désormais la règle chez tous les constructeurs, tout comme la prise de force.

SAME devient rapidement le spécialiste des tracteurs à quatre roues motrices. La marque va même se cantonner presque exclusivement à ce type de tracteurs.

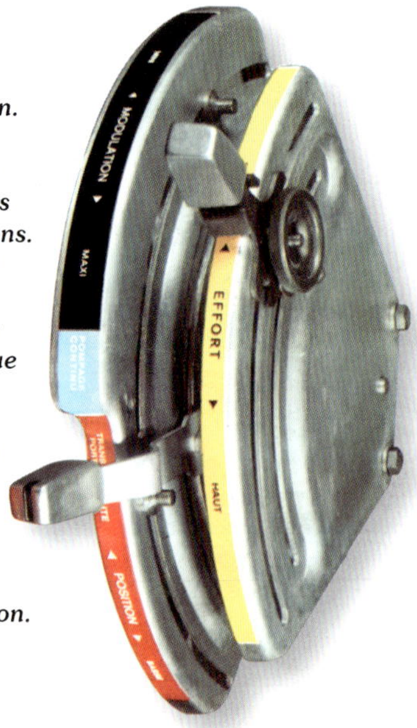

Voici la commande du système hydraulique Ferguson. Les manettes sont disposées le long d'un boîtier en arc de cercle, comme les commandes de gaz et de richesse des avions. En jaune, le contrôle d'effort détermine la profondeur de travail des outils, profondeur qui restera la même quelle que soit la nature du sol. L'outil réagit automatiquement à l'effort de traction qu'il subit et corrige sa position par rapport à celle du tracteur pour se maintenir au même niveau. C'est ce système qui a fait la réputation de Ferguson.

Les prises de force se normalisent définitivement avec des régimes de 540 tr/min et 1 000 tr/min. Elles peuvent être semi-indépendantes, indépendantes ou proportionnelles à l'avancement du tracteur.
Les tracteurs modernes disposent en effet d'un double embrayage : lorsqu'on appuie jusqu'à mi-course sur la pédale d'embrayage, les roues motrices sont débrayées, mais la prise de force continue à tourner. Lorsqu'on appuie à fond sur la pédale, la prise de force cesse à son tour de fonctionner. C'est la prise de force semi-indépendante. Si le tracteur est équipé de commandes d'embrayage séparées (une au pied, l'autre à la main), la prise de force est dite indépendante. À la fin de la décennie 1970 apparaissent aussi des tracteurs avec prise de force frontale.

Tous les constructeurs se doivent maintenant de posséder au moins un 4 x 4 dans leur gamme. C'est même une des spécialités de la SAME, une marque italienne (installée originellement à Albertville, en Savoie !). La Société Anonyme de Moteurs Endothermiques va racheter en 1970 le prestigieux constructeur de voitures de luxe Lamborghini qui a délaissé la production de tracteurs qu'il menait depuis 1948. John Deere a quant à lui choisi d'opter pour un entraînement du pont avant par hydraulique.

Mieux vivre

D'une façon générale, les tracteurs progressent en puissance mais aussi en sécurité et en confort. La cabine n'est plus simplement un bâti recouvert de toile plus ou moins imperméable, se fermant à coups de pressions avec des vitrages en mica qui se rayent et deviennent opaques au fil du temps.

Renault adopte la cabine climatisée de série sur des modèles comme le 96 ou les 4 x 4 des séries 496 et 498 ainsi qu'une plate-forme antivibratoire. Par plate-forme, on entend que, désormais, le poste de conduite est indépendant du châssis. La cabine « sécurité », munie d'un arceau anti-retournement, est même montée en série sur les engins Renault de plus de 85 chevaux et par la plupart des constructeurs, d'autant que des normes les rendent obligatoires dans certains pays.

L'insonorisation est de plus en plus poussée et même les leviers se garnissent de soufflets

La vente de cabines adaptables fait le bonheur de certains sous-traitants comme la firme Firtzmeier qui propose des habitacles complets et des sièges suspendus. Lorsque de nouvelles normes de sécurité entreront en vigueur, les constructeurs proposeront leurs propres cabines.

Le confort du conducteur s'améliore, notamment grâce à des sièges suspendus, tandis que les tableaux de bord s'enrichissent de cadrans, d'indications et de boutons poussoirs. Dans certains cas, le passage des rapports de boîte peut s'opérer sans débrayage, directement au tableau de bord, grâce à un levier sur la colonne de direction. Sur ce Massey-Ferguson, on note les deux pédales qui agissent sur l'une et l'autre roue mais qui peuvent être jumelées pour les freinages lors des déplacements sur route.

MASSEY-FERGUSON
140
Multi-Power

Caractéristiques PRINCIPALES

Massey Ferguson 140
1965-1975

Moteur :
Perkins AD-3-152,
3-cylindres diesel refroidi par eau

Cylindrée :
2 502 cm³

Alésage x course :
91 x 127 mm

Puissance :
à la barre : 43 ch
à 2 150 tr/min

Transmission :
boîte de vitesses à 6 rapports avant et 2 rapports arrière

Châssis :
ensemble moteur-boîte-pont à carter unique

Freinage :
à mâchoires, commande mécanique

Poids total :
1,450 t

Proposé en trois versions – standard à voie large, étroit et vigneron avec un attelage spécifique – le MF 140 est en France le best-seller de la série 100. Tout comme ses frères de la gamme 100, le MF 140 peut recevoir le système Multi Power : un simple levier permet, en cas d'essoufflement du moteur sous charge, d'augmenter la force de traction en passant directement au rapport supérieur, sans pour autant accroître la vitesse.

en caoutchouc pour éliminer tous les bruits venant de l'extérieur. Les portières s'ouvrent désormais à 180° et peuvent rester dans cette position grâce à des ressorts – parfois à commande pneumatique, comme c'est le cas chez International Harvester. Cette marque adopte aussi en 1973 une cabine débarrassée du levier de vitesses au plancher, celui-ci migrant près du volant. Le conducteur est dorénavant isolé dans une cellule de travail.

Il travaille certes dans de meilleures conditions, mais accroître la productivité et accepter les effets bénéfiques de la mécanisation n'a pas toujours pour effet d'améliorer considérablement son sort. Peut-on espérer un lende-

Aboutissement de trente-cinq années d'évolutions, ce Fiatagri 140-90 DT est l'archétype des tracteurs modernes du début des années 1980 : les quatre roues motrices sont entraînées par un moteur turbocompressé, les deux ponts disposent d'un blocage de différentiel, les freins à disques sont à bain d'huile, la cabine est entièrement insonorisée et suspendue, le siège équipé d'accoudoirs est réglable, tandis que la transmission à seize rapports bénéficie d'un inverseur.

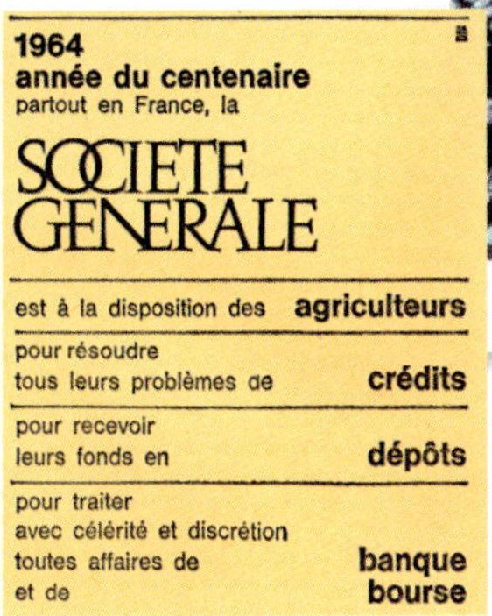

Les banques, à commencer par le Crédit Agricole, sont devenues des interlocuteurs privilégiés du paysan. Il est loin le temps du bas de laine… Il faut en effet sans cesse acheter à crédit un équipement toujours plus performant, et coûteux, pour rester compétitif.

main meilleur derrière le volant d'un tracteur dernier cri ? Le constat est finalement amer. L'agriculteur des années 1960 et 1970, qui a dû mobiliser un capital financier énorme, n'est propriétaire que de ses dettes. À qui appartiennent vraiment les terres et le matériel ? À l'organisme prêteur ?

À force de courir après le rendement, les effets bénéfiques de la mécanisation ont été annulés par la productivité. Le revenu net n'a pas véritablement augmenté et l'exploitant ne maîtrise plus grand-chose. Les prix sont de plus en plus fixés par les grands groupes agroalimentaires et par Bruxelles. Pas encore, cependant, par les grandes surfaces qui sont 2 719 en 1975.

Durant les années 1970, ce sont les industries alimentaires qui absorbent 70 milliards de francs de l'époque de produits agricoles alors que les ménages n'en absorbent que 58 milliards. Ce qui constitue un inversement de la tendance qui avait cours au milieu des années 1950.

Bref, même si il est indubitable que l'agriculteur de l'après-guerre a œuvré pour rendre le pays autosuffisant et même largement excédentaire, il s'aperçoit après des années de travail qu'il a été quelque part lésé et qu'il dépend de plus en plus du bon vouloir de quelques industries. Pire, il commence à être montré du doigt par les premiers mouvements écologistes. On l'accuse d'utiliser trop d'engrais, trop de pesticides, trop de désherbants. Il est loin le temps où le paysan était le gardien de la nature ! Mais ce que l'on oublie de dire, c'est qu'en favorisant l'agriculture intensive, les surfaces cultivées deviennent tellement productives qu'elles sont finalement moins nombreuses qu'au début du XXe siècle, permettant ainsi le reboisement de certaines régions. Curieux paradoxe…

Au début des années 1970, c'est sous la présidence de Georges Pompidou (ici avec le président américain Richard Nixon), que les effets de la modernisation économique et sociale de la France sont les plus visibles. C'est aussi à cette époque que l'agriculture française achève sa révolution. Elle est désormais une industrie dont les productions sont devenues des marchandises comme les autres.

Un bilan mitigé

Tout cela a un coût. Et l'époque n'est plus à l'endettement. En l'espace de quelques jours, on découvre que le prix du baril de pétrole – qui n'avait pas été modifié depuis le début du siècle en s'établissant à peu de chose près à $ 1,50 – passe à un peu plus de $ 3 avant d'atteindre les $ 9 en 1974. C'est la panique. La France (et le monde avec elle) passe d'une période de plein emploi et de croissance à une nouvelle ère, celle du chômage et de la stagnation.

La France de Georges Pompidou – qui a succédé au général de Gaulle en juin 1969 – fait la part belle à l'automobile, aux voies express, aux autoroutes, délaissant les petites routes de campagnes ou les réseaux de chemins de fer secondaires qui sont fermés par dizaines. Le 8 mars 1974, on inaugure en grande pompe le plus grand terminal aéroportuaire français, celui de Roissy-Charles de Gaulle.
Georges Pompidou, malade et affaibli, meurt le 2 avril et le 19 mai 1974 est élu le plus jeune

« L'autoroute est un instrument de travail mais aussi un instrument de libération. Elle a donné la possibilité à l'homme d'échapper aux contraintes des transports en commun, de partir quand il veut, et pour où il le veut. Elle lui a permis de retrouver la géographie de son pays et son histoire. » C'est en ces termes que Georges Pompidou inaugure en 1970 les travaux de l'axe Nord-Sud. Pendant ce temps-là, les villages se désertifient.

L'électronique se développe rapidement avec les montres à quartz et les affichages digitaux en tous genres. Un nouvelle ère est en train de s'instaurer.

des Présidents français. Il a 48 ans et s'appelle Valéry Giscard d'Estaing. Dynamique, il fait faire un bond en avant à la société : il est désormais possible de divorcer par consentement mutuel, la majorité est ramenée de 21 à 18 ans et l'avortement est désormais légalisé. Mais ce rajeunissement de la société est quelque peu entaché par un chômage en forte croissance et une inflation mal contenue.

En 1976, Peugeot rachète à Michelin toutes les parts Citroën que détenait le manufacturier de pneumatiques clermontois et le 14 juillet, Albert Spaggiari réalise avec succès le « casse du siècle » en dévalisant la Société Générale de Nice. En août de cette même année, le Premier ministre Jacques Chirac démissionne, remplacé par le meilleur économiste français, Raymond Barre.

Mais ce qui retient surtout l'attention des Français, c'est la sécheresse. Une véritable canicule va mettre à mal un grand nombre d'exploitations agricoles, surtout maraîchères, et provoquer la mise en place d'un impôt

L'exploitant agricole doit acquérir un matériel plus puissant et plus productif pour pouvoir rester «dans le coup». À la fin des années 1970, notre homme est toutefois déçu. Où est donc le bien-être tant promis? Reste la fierté de posséder un bel engin flambant neuf...

Beaucoup de spécialistes économiques le pressentaient depuis les années 1960. À partir de 1973 et le premier choc pétrolier, tous les pays occidentaux sont frappés par la crise et par l'augmentation des prix du baril de pétrole. Pour la première fois depuis 1945, on ose même dire qu'il faut «faire des économies d'énergie».

Boosté par les grandes surfaces, l'agroalimentaire fait un bond en avant à la fin des années 1960. Et l'on ne se contente plus de vendre des aliments. Il faut aussi séduire, attirer l'œil. Le marketing et le packaging deviennent des techniques incontournables.

sécheresse pour venir en aide aux agriculteurs les plus touchés.

La population française a quant à elle modifié ses habitudes alimentaires : on boit nettement moins de vin de table, la consommation d'eau minérale a été multipliée par trois entre les années 1950 et les années 1970. Et cette surproduction nationale est de plus aggravée par l'arrivée des vins italiens italiens sur la marché, à la faveur de l'ouverture des frontières. Devant cette situation, pour éviter l'effondrement des prix, l'État élargit les autorisations de

Le paysan et son tracteur évoluant dans une cour de ferme où se croisent des volailles, c'est du passé ! À la fin des seventies, la basse-cour peuplée de canards, de poules, d'un cochon et de deux vaches laitières appartient à l'imagerie d'antan. La ferme est devenue un espace de plus en plus spécialisé. On est désormais céréalier ou éleveur, très rarement les deux. Et l'agriculteur achète son poulet au supermarché, comme tout le monde !

distillation des vins que l'on peut transformer en liqueur.
Dans le même ordre d'idée, en 1975, c'est encore l'État qui rachète près de 250 000 tonnes de pommes pour les mettre à la décharge ! Déjà, entre 1967 et 1970, près de 540 000 tonnes de fruits et légumes avaient été jetés. Un gâchis qui exaspère la génération qui a connu les privations de la Seconde Guerre mondiale.

Le tracteur va, lui, poursuivre son évolution : plus de puissance, plus de confort, plus de techniques embarquées, il devient une machine-outil indispensable qui fait partie d'une exploitation fonctionnant sur un mode purement capitaliste. Et contrairement aux prévisions les plus pessimistes, le marché de la machine agricole ne s'est pas effondré sous l'effet d'une quelconque saturation. Les matériels se renouvellent régulièrement, autant pour des raisons de rentabilité, de productivité, que de confort et de sécurité. Dans nos campagnes, il n'est pas près de disparaître.

Les tracteurs vignerons sont toujours appréciés mais la viticulture connaît des crises de surproduction régulières – surtout dans le sud de la France – d'autant que les Français consomment de moins en moins d'alcool.

Bien que certains résistent, les villages sont de plus en plus désertés. Leurs populations vieillissent, les petites industries rurales et les commerces disparaissent. Cet exode rural, massif et régulier, sera plus ou moins jugulé à la périphérie des centres industriels ou urbains, lorsque les classes moyennes viendront s'y établir. Mais le village agricole ne sera plus qu'un village dortoir.

glossaire

A

Aratoire : se dit d'un outil servant à travailler la terre.

Articulé : tracteur dont la direction s'effectue par une articulation entre le train avant et le train arrière. Ce type de tracteur permet des demi-tours rapides sur des espaces réduits.

Automotrices : il s'agit d'engins qui ne sont pas des tracteurs mais qui sont des outils automoteurs. Contrairement au tracteur polyvalent, la machine automotrice est spécialisée et vouée à un usage spécifique. Toute l'attention a été portée sur l'outil (le moteur est donc généralement situé à l'arrière), l'outil étant à l'avant avec un poste de conduite surélevé. La moissonneuse-batteuse moderne est une automotrice, tout comme l'ensileuse.

Avant-train : tracteur léger caractérisé par un essieu moteur simple sur lequel viennent se greffer différents outils. Les avant-trains se développèrent durant l'entre-deux guerres car ils étaient économiques et polyvalents mais leur déplacement sur route restait des plus limité. Toutefois, ils sont toujours d'actualité puisque le motoculteur moderne en est un cousin lointain.

Attelage : système permettant de relier un outil ou une remorque au tracteur. La barre d'attelage permet de tracter des outils traînés. Le piton d'attelage permet de tracter des remorques semi-portées. L'attelage trois points est le système doté d'un relevage hydraulique grâce à trois points (deux bras latéraux inférieurs et une barre supérieure). Le système hydraulique permet ainsi de relever l'outil lors des déplacements sur la route et de contrôler sa profondeur de travail. Les outils sont donc portés (ils reposent uniquement sur l'attelage trois points) ou semi-portés (seule une partie du poids de l'outil repose sur l'attelage).

B

Boule chaude : se dit des tracteurs à moteur semi-diesel ou à tête incandescente. Il s'agit de moteurs très simples, de grosses cylindrées, fonctionnant selon le principe deux-temps, et dont l'allumage était obtenu par un préchauffage de la culasse en forme de boule (et ce, contrairement à un moteur diesel qui fonctionne par auto-allumage). Ce type de moteur comportait peu de pièces et pouvait fonctionner avec une grande variété de carburants.

C

Charrue : outil de labour profond permettant d'ameublir et de retourner la terre tout en aérant le sol en vue des semis. La charrue peut être traînée, portée ou semi-portée. Elle est équipée d'un soc, d'un versoir, d'un coutre (ces trois éléments formant un corps) et d'une rasette à l'avant. Il existe aussi des charrues à disques, mieux adaptées aux sols secs ou légèrement rocailleux. La charrue simple verse la bande retournée toujours du même côté. La charrue réversible ou « quart de tour » peut verser la bande de terre alternativement d'un côté ou de l'autre.

Chenillard : tracteur à chenilles.

D

Différentiel : système permettant de dissocier l'entraînement des roues motrices. Il est très utile dans les virages puisque la roue à l'intérieur du virage aura tendance à tourner moins vite que celle située à l'extérieure. Le différentiel peut être bloqué afin d'accroître l'adhérence ou encore d'améliorer la stabilité en ligne droite.

E

Embrayage : système mécanique ou hydraulique qui permet d'accoupler le régime moteur à la transmission. On parle d'un embrayage double lorsque la ou les prises de force et la transmission jusqu'aux roues sont indépendantes.

Enjambeur : tracteur ayant une importante garde au sol permettant d'enjamber les plants pour ne pas les endommager.

H

Hydraulique : on devrait parler en fait d'oléohydraulique. Il s'agit d'un système faisant appel à la mise sous pression d'un fluide afin d'obtenir un mouvement mécanique. Le fluide hydraulique étant incompressible et peu sensible à la chaleur, il permet d'obtenir des forces très supérieures à un fluide gazeux (comme l'air comprimé). La pression obtenue peut atteindre 500 bars (8 à 10 bars pour de l'air comprimé). La mise sous pression de l'huile s'effectue par un moteur actionnant une pompe qui envoie le fluide dans des canalisations vers un récepteur (vérin, moteur hydraulique). On peut donc commander des outils actionnés par des vérins grâce à des valves à ouverture et fermeture automatique ou même entraîner des roues (transmission hydrostatique).

P

Puissance : la puissance est la force délivrée par le moteur. Elle est expirmée en chevaux vapeur ou ch (hp chez les anglo-saxons mais, depuis quelques années, toutes les mesures internationales sont exprimées en kw). On distingue les chevaux SAE (moteur dépourvu de tout accessoires) des chevaux DIN (moteur avec ses accessoires). Sur un tracteur, il est intéressant de connaître la puissance disponible pour l'outil. On parle alors de puissance au crochet. Sur les anciens tracteurs, on tenait aussi compte de la puissance à la poulie (de battage).

Prise de force : il s'agit de prises de mouvement, composées d'un arbre cannelé, montées à l'arrière et parfois à l'avant, qui sont entraînées par le moteur et qui permettent de mettre en mouvements différents outils s'adaptant à la prise de force. Leur régime a été normalisé à 540 tr/min (prise standard) ou à 1 000 tr/min (prise rapide).

R

Réducteur : la réduction est indispensable sur un tracteur. Le régime moteur des moteurs de tracteurs étant faible et les roues ayant une taille importante, il faut intercaler entre le moteur et les roues des systèmes de réduction. Cela passe d'abord par la boîte de vitesses et par une réduction finale généralement située au plus près des roues. Ainsi, le tracteur peut avancer à de très petites vitesses sans caler.

Relevage hydraulique : voir aussi attelage trois points. Le relevage hydraulique mis au point par Ferguson puis adopté par tous les constructeurs permet de relever l'outil porté en actionnant simplement une manette. Deux points inférieurs servent à la fixation de l'outil tandis qu'un vérin, troisième point du système, permet de soulever, de poser ou de maintenir l'outil dans sa position. Lorsque l'on a besoin d'augmenter l'adhérence, il faut qu'une partie du poids se reporte sur les roues arrière. Dans ce cas, le vérin de relevage va tirer sur les barres d'attelage inférieures sans soulever l'outil. C'est le transfert de charge. Il peut être commandé ou se faire de façon automatique. Pour éviter que les roues avant ne se soulèvent lors de ce transfert de charge, il faut ajouter des masses à l'avant.

Row-crop : en anglais, ce terme signifie « plant en ligne ». Il désigne un tracteur avec une voie avant très étroite voire monocycle. Le row-crop permet ainsi de dégager totalement la vue vers l'avant. Il fut très populaire aux États-Unis mais peu diffusé en France.

S

Standard : par opposition au row-crop, le tracteur Standard est un tracteur à voie avant large.

T

Toueur : véhicule automobile capable de se rendre dans un champ par ses propres moyens mais qui devient un engin à moteur stationnaire une fois dans le champ. Les outils aratoires, souvent une batteuse, sont alors mis en mouvement grâce à un ensemble de câbles et de poulies.

Tracteur : véhicule capable d'évoluer sur route et dans les champs, destiné à porter, tirer ou pousser des outils. Le tracteur étroit, fruitier ou vigneron est un petit tracteur destiné à évoluer entre les rangs des vignes ou des cultures d'arbres fruitiers.

V

Vigneron : petit tracteur à faible garde au sol capable de travailler entre les étroits rangs de ceps de vigne.

Voie : largeur séparant le point de contact au sol entre deux roues d'un même essieu. Sur les tracteur, il est possible de faire varier la largeur de la voie afin de s'adapter aux différents outils et aux types de culture. Ce réglage s'effectue en modifiant l'emplacement de la jante sur le voile de roue ou en faisant coulisser le voile sur l'arbre de roue muni à cet effet d'un pas de vis.

Crédits photographiques

Les documents illustrant cet ouvrage sont issus des archives personnelles de l'auteur, de l'agence Big-Block (bigblock.agency@gmail.com) et de collections privées, ainsi que de l'US NARA (p.49, p.64 en haut à gauche), de la NASA (p.159 en bas) et de la Library of Congress (p.14, p.15, p.16, p.18 en bas et au centre, p.19 en haut, p.22, p.26 en haut à droite, p.27, p.38 en bas, p.47 en bas, p.48 en bas, p.53 en haut, p.57 en haut).

Remerciements

Remerciements à l'association ACPHT, organisatrice de la « Locomotion en fête » (www.locomotion-en-fete.com) qui a lieu tous les ans, au printemps, sur l'aérodrome de Cerny – La Ferté-Allais dans l'Essonne, et aussi un grand merci à tous les participants de cette manifestation.

L'auteur exprime également sa gratitude au Musée régional du machinisme agricole, 68 bis rue de la Chaussée – 02460 La Ferté-Milon tél : 03 23 96 29 85.